KB261308

이 책은 평화 건설자를 양육하고자 헌신한 가족과 교회를 위한 매우 중요한 책이다. 이 책은 소책자임에도, 평화에 대한 올바른 이해, 가족의 역동성, 다른 사람들과의 관계, 배운 내용을 실행에 옮기는 실천적 평화, 지구촌에 대한 배움, 자녀의 믿음을 풍요롭게 하고자 원하는 교회들과 함께하도록 매우 실제적이며 풍부한 내용을 담고 있다.

– **엘지 렘펠**, 캐나다 메노나이트 교단 교육부

매우 헌신적인 부모들조차 우리 주변에 점증하는 폭력과 자본주의 속에서 어떻게 자녀를 도와야 할지 궁금해한다. 평화가 아이들에게 말을 걸다라는 이 책은 가족뿐만 아니라 우리 사회 전체에 도움이 될 만한 많은 방안을 제시한다.

– **제임스와 케이트린 맥기니스**, 정의평화연구소 소장

함께 살든지 않든지 우리는 모두 자녀를 양육한다. 이 책은 아이들이 태어났을 때 축하선물로, 공동체 및 국가에 어려운 일이 발생했을 때 참고할 도서로, 주일학교 교재로, 혹은 설교 자료로 사용해도 좋을 귀한 자료이다.

– **수잔 마크 랜디스**, 미국 메노나이트 교단 평화담당자

목사이자 엄마로서 나는 우리가 걷고 있는 그 무엇, 우리가 배우는 그 무엇, 그리고 어린 아이 같이 순수한 평화건설에 우리 미래가 달려있다고 믿는다. 바일러는 우리를 정직, 성장, 변화로 초대하며, 희망 가득한 미래로 나아가도록 초청하고 있다. 감히 권하건대, 이 일에 동참하라! 카르멘 수록

–**허스트**, 미국 메노나이트 교단 목사

옮긴이 **김 복 기**

캐나다 메노나이트 교회의 목사이자 선교사인 김복기는 강원대학교 조경학과를 졸업하고 유학을 가서 학문과 신앙을 바꿨다. 캐나다 메노나이트 성경대학을 졸업하고, 미국 메노나이트 연합신학 대학원에서 목회학 석사학위를 받았다. 캐나다 온타리오주 런던의 샬롬 아도나이 교회에서 회중을 섬겼으며, 현재 캐나다 메노나이트교회 소속 선교사이다.

「교회, 그 몸의 정치」, 「그리스도의 충만함」, 「용기있는 믿음의 인물들」, 「아나뱁티스트 역사」, 「정의 프로젝트」, 「죄의 어둡고 긴 그림자」, 「열 두 사람이야기」, 「일과 쉼」, 「재세례신앙의 비전」, 「반석 위에 세우리라」, 「아이들과 절대 흥정하지 마라」등 여러 권의 아나뱁티스트 운동 관련 책들을 한국에 소개하였다. 지금은 「한국아나뱁티스트 저널」 *Korean Anabaptist Journal*의 편집위원으로, 아내 박숙경과 캐나다 메노나이트 선교회의 선교사로 한국에서의 교회와 기관을 섬기고 있다.

평화가 아이들에게 말을 하다

어떻게 아이들에게 평화를 가르칠 것인가?

앤 마이어 바일러

김복기 역

평화가 아이들에게 말하다

지은이	앤 마이어 바일러
옮긴이	김복기
초판발행	2013년 11월 4일
펴낸이	배용하
책임편집	배용하
캘리그래피	김인순
등록	제364-2008-000013호
펴낸곳	도서출판 대장간
	www.daejanggan.org
등록한곳	대전광역시 동구 삼성동 285-16
편집부	전화 (042) 673-7424
영업부	전화 (042) 673-7424 전송 (042) 623-1424
ISBN	978-89-7071-302-1

이 책은 저작권법에 의해 보호를 받는 출판물입니다.
기록된 형태의 허락 없이는 무단 전재와 복제를 금합니다.

 값 7,400원

차 례,

서문 __ 9

제1장 평화 __ 15

제2장 가족 __ 23

제3장 샬롬과 더불어 살기: 관계 속에서 __ 35

제4장 샬롬과 더불어 살기: 일상 속에서 __ 53

제5장 샬롬과 더불어 살기: 지구촌 속에서 __ 89

제6장 함께 하는 평화: 교회와 가정에서 __ 99

부록 __ 108
후주 __ 114

How to Teach
peace
to children

Anne Meyer Byler

하나님,
아주 오랫동안 온 세상은
우리를 전쟁으로 불러내어
피 서린 나라들 속에서
주검으로 눕게 하였습니다.

그러나 하나님은
활을 꺾으시고 창을 부러뜨리시며
우리를 절망에서 불러내어
평화의 씨앗을 뿌리도록 하였습니다.

씨앗, 그 부드러움 속에서
작은 싹이 움틀 수 있음을 보게 하시고
희망의 꽃이 만발할 때까지
안전하게 자랄 수 있는 곳에
씨앗을 심게 하셨습니다.
아멘

　　　――리니아 라이머 제이서*Linea Reimer Geiser*

제이 론 피치J. Lorne Peachey는 1981년에 이 책의 초판을 편집해서 그동안 존재해 온 기독교 평화 문학의 간극을 좁혔다. 그는 평화에 대한 고귀한 가치를 자녀들에게 물려주도록, 부모들이 실천할 수 있는 실제적 방안들을 제시하였고, 교회들이 이러한 일을 쉽게 실행하도록 특별한 방안들을 마련하였다. 이 책은 당시에 논의의 대상조차 될 수 없었던 여러 자료를 하나로 묶어 놓은 것이다.

피치는 평화 건설을 단순히 갈등을 회피하는 것이 아니라, 그보다 훨씬 더 큰 실체로 이해한다. 평화를 언급할 때 그는 성서가 이야기하는 "샬롬"shalom과 함께 모든 것을 시작한다. 이 책에서 그는 가족 안에서의 평화 교육은 "화해reconciliation 및 문제해결의 중요한 가치, 정의와 사랑의 가치, 안녕well-being을 추구해야 함은 물론이거니와, 적절한 관계발전 없이는 결코 이루어질 수 없다는 실천적 가치를 배우는 것"이라고 정의한다.

이 후로 평화를 가르치기 위한 아주 많은 기독교 자료가 등장하였다. 이러한 자료들은 성서연구 교재, 주일학교 교재, 자녀양육 교재로 갈등해결에서부터 다양성 존중 및 전세계의 정의 및 평화라는 다양한 주제를 아우르는 내용으로 책 뿐 아니라 비디오로도 출간되었다. 가톨릭 배경을 가진 짐Jim과 캐스린 맥기니스Cathleen McGinnis는 정의평화연구소Institute for Peace and Justice를 설립하여 1990년대의 훌륭한 저작인 『정의와 평화에 의한 자녀 양육』*Parenting for Peace and Justice*을 출간하였고, 가정폭력 방지를 위한 네트워크Families Against Violence Advocacy Network [1]를 설립하여 서로 다른 신앙을 이해하려는 부모들을 위한 새로운 자료들을 지속적으로 출판하고 있다.

종교적 배경이 없는 일반 출판사들도 부모와 교사들을 위해 협동, 존중, 돌봄과 같은 가치를 가르치는 방안을 제시하고, 문제해결 및 화해 실천 방법 등 여러 가지 기술을 가르치는 필요한 많은 자료를 출판한다. 『폭력적인 세상 속에서 평화의 자녀들로 양육하는 법』 *Raising Peaceful Children in Violent World*은 의사소통, 갈등 해결, 다양성, 성에 대한 이해, 미디어 및 장난감 등 전 세계에서 펼쳐지고 있는 토론 주제들을 가족안의 특별활동들과 연계하여 다루면서 필요한 책들을 소개한다.[2] '검소한 삶과 부모들을 위한 대안 모임' the Alternatives for Simple Life and Parenting Press처럼 여러 기관이 다양한 범위의 필요한 자료들을 쉽게 접하도록 돕는다.

가족에 영향을 미치는 큰 변화들

이러한 가족들을 위한 평화관련 자료의 물량적 증가 외에, 지난 20년 동안 가족에 영향을 미치게 된 또 다른 중요한 변화가 있었다. 그것은 편부모의 증가로, 더욱 더 많은 사람이 부모의 역할을 혼자 짊어져야 함을 의미한다. 지금도 가족에 대한 정의는 지속적으로 바뀌고 있다.

여성들이 갖는 직업 선택의 폭도 넓어지고, 집안이든 밖이든 영역 구분이 없이 관리 분야의 일도 가능해짐으로서, 불확실하지만 어느 정도 안정된 삶이 가능하게 되었다. 그러나 두 개의 직업을 가진 부부들에게 직업, 지역, 재정, 매일 자녀들을 돌보는 일 등을 선택하는 것은 어려운 일이 되고 있다. 최저 임금 혹은 낮은 임금을 받으며 일하는 가족들은 월급에 의지해 근근이 살아간다. 북미뿐만 아니라 전 세계의 빈부 격차, 즉 있는 사람과 없는 사람 간의 격차는 점점 더 벌어지고 있다.[3] 특히 미국의 수많은 저소득층은 의료보험의 안전망조차 없이 살아간다. 그러나 미국과 캐나다에 있는 수많은 가족은 문자 그대로 소비주의라는 생활양식을 따라 살면서 전 세계 사람들이 사용하는 자원보다 훨씬 많은 자원을 소모한다.

최근 몇 년 동안, 신체적으로, 성적으로 혹은 감정적으로 어떠한 학대를 받는지 자신의 고통에 대해 이야기하기 시작한 여성들에 의해, 그리스도인과 비그리스도인 가정 안에 그동안 감추어져 있던 폭력의 실태가 발표된 적이 있다. 교회 내 여성의 리더십과 역할 및 그 타당성에 대한 의견차는 정의와 관련된 논제가 되어 교회 안에서 끊임없이 이야기된다.

지구환경 보호에 대한 관심과 우려들이 교회와 사회에서 점점 증가하고, 인종차별 반대 및 다양성에 대한 훈련을 통해 교회 안팎에 존재하는 백인들을 위한 특권 및 제도화된 인종차별에 대한 주제들이 끊임없이 발표되고 있다.

1980년, 미국에서는 양심적 병역거부 등록제에 대한 선택권이 주어지지 않는 가운데 18세가 되면 징병 등록을 해야 하는 새 제도가 합법화되었다. 캐나다에는 이러한 등록제가 없다. 1981년 이래로, 미국은 파나마, 페르시아만, 유고슬라비아, 콜롬비아의 "마약과의 전쟁", 2001년 9월 11일 세계무역센터 공격이후 "테러와의 전쟁" 등 전 세계를 대상으로 무력간섭을 지속해왔다. 캐나다 또한 테러리즘과의 전쟁을 빌미로 군사력을 증강시키고 있다.

마지막으로 다른 변화 못지않게 중요한 사실은 믿을 수 없을 만큼 엄청난 기술과학의 진보가 전 세계의 가족들에게 지대한 영향을 미친다는 사실이다. 북미의 거의 모든 가정에 비디오, DVD 및 컴퓨터가 중요한 부분이 되었고, 1990년대 말에는 인터넷이 정보 홍수를 이루어 놓았다.

현재 주어진 도전들

평화를 가르치기 위한 자료들이 훨씬 많아지긴 했지만, 이와 더불어 우리는 감당할 수 없는 엄청난 양의 정보를 마주하고 있다. 그렇다면 이러한 상황에서 우리가 필요한 정보를 어떻게 발견하며, 어디서 어떻게 그러한 자료를 찾을 것인가? 이 질문에 대한 답으로써 이 책은 성서적 평화의 가치를 기본으로 하는 아주 실제적인 정보들을 한 군데 모아 놓은 것이다. 물론 이 책이 이러한 정보를 총 망라한 것은 아니며, 모든 가족을 위해 필요한 활동을 모아놓은 편람도 아니다. 그러나 이 책은 평화 건설을 위한 신념을 따라 살기 원하는 사람들이 충분히 생각할만한 여러 가지 선택사항을 풍부하게 제공한다.

평화를 건설하는 사람으로서 우리 모두는 각자가 처한 상황에서 기도하는 마음으로 하나님께서 주신 에너지를 어디에 사용해야할 것인지 결정해야하며, 다른 사람들이 평화를 이루어 나가도록 후원해야 한다.

이 책은 미친 듯이 사람들을 몰고 가는 삶의 행보와 점증하는 소비주의와 우리 주변에 난무하는 폭력적인 장난감, 비디오, 컴퓨터 게임 등과 같은 실제적 주제들을 다루고, 도움이 될 만한 자료들을 어디에서 찾을 수 있는지 설명해 준다. 또한, 좋은 친구가 될 수 있는 웹사이트http://peace.mennolink.org/teachpeace는 여러분이 각 연령별, 주제별, 형태별로 평화관련 자료들을 찾아보도록 잘 정리된 목록 뿐 아니라, 여러 관련 단체목록을 총 망라해 놓았다. 이 책과 웹사이트는 "하나님의 땅 위를 사뿐히 걸어간다"는 조지 폭스George Fox의 말처럼 지구촌에 살면서 자녀들을 더욱 책임감 있는 세계시민으로 성장하도록 돕고 싶은 부모들을 위한 것이다.

남편 마크Mark와 함께 나는 마리아14세, 로스12세, 재스민6세이라는 세 명의 딸들을 키우고 있다. 이 책은 아이들을 양육하는 여정에서 나온 결과물이다. "어떻게 아이들에게 평화를 가르칠 것인가?"하는 이 책이 수많은 그리스도인 부모와 교육가들에게 샬롬으로 살아가도록 유익한 자료들을 소개할 뿐만 아니라, 일상 속의 실천적 안내서가 되기를 희망한다.

제1장

평화

> 오직 성서적 평화만이 모든 것을 정말로 올바르게 만들어줄 수 있는 유일한 사회 변혁이다. 페리 요더(Perry Yoder 4)

평화 건설은 그리스도인의 믿음이자 실천의 핵심인가? 아니면 뭔가 특별한 것을 추구하는 특별한 그리스도인들만이 갖는 부수적 기대사항인가? 평화건설이 과연 우리 시민, 가족 혹은 교회의 구성원으로 살아가기 위한 중요한 가치로 자리하는가? 이번 장에서 우리는 이러한 질문들에 대해 이야기하고자 한다.

그리스도의 평화

21세기가 시작되면서, 그리스도인들과 거의 모든 교단은 현 폭력의 세상 속에서 평화의 방식으로 살아가는 것에 대해 예수님께서는 어떠한 가르침을 주실까하는 질문을 던지고 있다. 많은 교단 중 루터교, 장로교, 침례교 신자들이 가족을 위한 평화 교육을 후원하려고 메노나이트, 퀘이커, 형제교단이 마련한 평화건설 프로그램에 참여하고 있다.

대부분의 그리스도인은 예수께서 당신의 생애 동안 평화를 이루셨으며 폭력에 조금도 의지하지 않으셨다는 사실에 적극 동의한다.5) 그는 다른 사람들에게 단호하게 말씀하셨고, 비록 종교 지도자들이라 할지라도 불의를 행하는 사람들을 비난하고, 병자들을 고치시고, 희년의 경제적 정의를 적극 지지하셨다. 예수는 유대 사회에서 소외된 사람들-여성, 세관원 및 병자들-을 존중하셨다. 그는 당신의 제자들에게 칼을 지니지 말고 원수들을 사랑하라고 말씀하셨다. 그러나 현재 많은 그리스도인 중 아주 소수의 사람들만이 이렇게 하는 것이 예수의 제자들이 따르는 삶의 방식이라고 말한다.

그러나 산상수훈에서 평화를 건설하라는 예수님의 말씀은 불가능한 이상이 아니다. 왜 그가 자신의 말을 듣고 싶어 모인 수많은 사람에게 불가능한 것을 요구했겠는가? 그것은 불가능한 것이 아니라 폭력에 지쳐 뭔가 다른 길을 찾던 사람들을 위한 복음의 좋은 소식이었다. 폭정에 의해 억눌려있던 1세기 땅을 밟고 사셨던 예수님은 악에게 비폭력으로 저항하는 현실적인 평화의 모범을 보여주셨다. "원수를 사랑하라"는 가르침과 "다른 뺨을 돌려대라"는 그의 가르침은 현재 그리스도인들을 위한 부르심이기도 하다.6) 십계명과 같이, 이러한 가르침은 취해도 좋고 말아도 좋은 어떤 제안이 아니다. 오히려, 평화는 부활의 능력과 성령의 은혜를 통해 우리가 붙잡아야 할 삶의 지침이다.

결국 평화 건설이라는 예수님의 삶의 방식은 혼자서 되는대로 시도했던 모험이 아니다. 예수께서는 자신이 죽을 때까지 함께 할 열두 명의 친구들을 선택하였다. 특별한 관심을 쏟지는 않지만, 성서는 예수의 마지막 날에 그를 따랐던 사람들 중에는 여자들도 있었다고 기록한다. 그는 마르다, 마리아, 나사로와 같은 베다니 출신의 좋은 친구들과 시간을 보냈다. 신약성서에 기록된 부활 후의 이야기들은 사람들이 함께 모여 기도하고, 예배하고, 서로를 격려하고, 해야 할 일을 함께 나누며, 서로간의 재정적·물질적 필요를 돌아보았던 예루살렘, 안디옥, 로마 공동체들에 대해 말해준다. 평화를 실현하고자 하는 부모들을 포함하는 현재의 평화 건설자들 또한 그렇게 살아간다. 우리는 믿음의 공동체에 의한 그와 같은 교제, 도전, 나눔 및 격려가 필요하다.

샬롬Shalom

히브리어로 된 구약 성서에 나오는 샬롬이라는 단어는 영어로 번역된 평화peace라는 단어보다도 훨씬 깊고 넓은 의미를 가진다. 샬롬은 치유, 화해, 온전함, 완전성을 필요로 한다. 구약에 등장하는 샬롬을 영어로 번역할 때 평화로 번역하지만, 그것은 **또한 좋은**well, **알맞은**favorable 그리고 **보증된 평안**rest assured으로 번역된다. 신약성서의 헬라어인 **에이레네**eirene는 사람들 사이의 관계뿐만 아니라 하나님과 하나님의 사람들의 관계가 완전을 향해 변화해가는 의미를 반영하는 것으로 풍요롭다는 의미를 전달해준다.[7]

성서적 샬롬은 개인, 가족, 공동체 및 세계라는 인생의 모든 차원을 포함한다. 기독교에 의해 이루어지는 샬롬은 단지 우리의 가정과 교회뿐만 아니라 완전히 다른 방식들로 운영되는 직장과 학교 운동장에서 일어나는 모든 일, 모든 상황을 위한 것이기도 하다. 만약 우리가 교회에서 샬롬을 설교하고 실행하면서, 다른 나라가 우리나라를 공격할 때 무력으로 이를 보복해야한다고 지지한다면, 과연 우리 도시에 사는 사람들에게 우리가 보여줄 수 있는 하나님나라의 증거란 도대체 어떤 모습일까? 만약 예수께서 이러한 분열된 방식으로 당신의 삶을 살지 않으셨다면, 그의 영감을 받아 살고 그를 리더로 여기는 우리는 왜 예수처럼 살지 않는가? 더 나아가 우리가 샬롬이라는 방식으로 사셨던 예수를 따르도록 노력해야 하지 않는가?

샬롬은 우리 삶의 모든 것을 하나님 앞으로 가져가는 것이다. 우리를 인도하시고, 방향을 일러주시며, 다른 사람과 함께 주고받는 우리의 모든 활동을 지켜보시는 예수님께서 항상 우리 옆에 계신다는 사실을 깊이 생각해 보라. 때때로 내가 자녀에게 말하는 방식을 들으실, 혹은 같은 방식으로 다른 사람들의 말을 들으실 예수님을 생각하면 당황하기도 한다.

샬롬은 21세기를 사는 우리 인생의 수많은 상황과 주제와 밀접한 관련을 갖는다. 샬롬은 다음과 같은 가치를 우리에게 선사해 준다.

- 태어나지 않은 생명에 대하여 – 낙태를 넘어 입양 할 수 있도록
- 소외된 사람들에 대하여 – 재정적으로 어렵게 사는 어린이와 사람들, 신체가 불편한 사람들을 변호하도록
- 다른 나라 사람들에 대하여 – 원수로 여기는 사람들에게조차 갈등의 상황에 비폭력적으로 반응하도록
- 범죄를 저지르는 사람들에 대하여 – 사형 집행을 철회할 수 있도록
- 우리를 반대하는 사람들의 존엄성에 대하여 – 더욱 서로를 존중하는 언어를 사용하도록[8]

1983년 베르나르딘Bernardin 추기경의 사회로 미국의 로마 가톨릭 주교들로 이루어진 위원회가 열렸는데, 이 위원회에 의해 「평화의 도전: 하나님의 약속과 우리의 반응」The Challenge of Peace: God's Promise and Our Response이라는 문서가 작성되었다. 그들은 아주 오랫동안 지속해 왔던 낙태반대 문제 및 핵무기를 폐기하도록 요청하였다.[9] 베르나르딘은 "이음매가 없는 통짜배기 옷"처럼 변함없이 생명을 사랑하는 윤리에 대해 설명하였다.

하나님의 샬롬은 마치 예수의 삶과 그가 살았던 세상에서 그랬던 것과 마찬가지로, 우리의 개인적 생활과 현재 세상에서 이루어지는

모든 측면에 대하여 이야기한다. 예수께서는 마태복음 5장 9절에서 "화평하게 하는 자는 복이 있나니 그들이 하나님의 아들이라 일컬음을 받을 것임이요"라고 말씀하셨다. 예수께서는 자신의 목표들을 이루는데 비폭력의 방법을 선택하셨다. 나는 그리스도인 부모로서 평화의 왕이신 예수를 따라가기 원한다.

토론을 위한 질문

1. 당신의 가정과 일터, 교회 등에서 일어나는 일 중 예수 그리스도께서 보시기에 난처해할 만한 부분들이 있는가? 그렇다면 어떠한 부분이 그런가? 무엇이 당신으로 하여금 그렇게 느끼도록 하는가?

2. 변함없이 생명을 사랑하는 윤리의 측면들 중 당신이 충심으로 지지하기에 어려운 부분이 있는가? 그렇다면 어떠한 부분이 그런가? 이러한 부분이 당신의 인생을 성장시키기 위한 방법에는 어떠한 것들이 있는가?

3. 만약 예수께서 오늘 오신다면, 샬롬의 특징인 정의 및 평화가 가장 필요한 사회의 부분은 어디인가?

4. 현재 당신의 삶에 샬롬의 감각이 가장 필요한 곳은 어디인가?

제2장
가족

> 만약 우리가 이 세상에서 진정한 평화를 이루고자 한다면,
> 그리고 만약 우리가 전쟁에 반대하기 위한 진정한 싸움을
> 수행하고자 한다면, 우리는 그 일을 아이들과 함께 시작해
> 야 한다. 마하트마 간디 10)

현재의 가족

지난 20년 동안 가족에 수많은 변화가 찾아왔지만, 가족은 여전히 아이들의 삶에 중요한 영향을 끼친다. 이미 서론에서 설명한 새로운 도전은 신실하게 삶을 살아가도록 새로운 방법들을 제시하고 있다. 대부, 대모, 확대가족은 물론이거니와, 혈연관계를 넘어 새로 형성된 삼촌과 이모, 고모 및 할머니, 할아버지들이 어린이들에게 중요한 역할을 감당하면서 창조 및 사람들에 대한 관심의 모델이 되고 있다. 그들은 부모들의 친밀한 동료이자 후원자들이기도 하다. 확대가족으로서 교회는 멘토들과 아이들의 건강한 관계를 이끌어가도록 유도하고 있다.

이혼 및 재혼 가정의 부모들은 그들이 이전의 배우자들을 어떻게 존경하고 의사소통해야하는지 모범을 보일 수 있다. 편부모로서 경제적 생활이 어려워 모두 60시간 이상 일해야 하는 환경이라도 아이들과 그들이 함께 보낼 시간을 만들도록 노력해야 한다. 어떤 때에는 아이들의 성격형성이 이루어지는 어린 시절 동안 남자들이 주로 아이들을 돌보는 책임을 맡기도 한다. 용기 있는 여성들은 이 분야에 목회 및 리더십의 은사를 사용하라는 하나님의 부르심을 받아들이고 있다.

모델이 되는 것과 설명의 역할

완전한 평화로서 성서적 샬롬은 이러한 가족 환경과 어떤 연관이 있는가? 완전한 사람이 되려면, 우리는 이러한 평화의 비전을 가정에서도 이루어야 한다. 이러한 평화는 말과 행동을 통해 이루어진다. 도덕성 개발에 대해 광범위한 연구를 시행했던 심리학자 로버트 콜스Robert Coles는 다음과 같이 기록한다.

"위기나 불안이라는 특별한 상황이 발생하기 전에, 우리는 아이들과 함께 도덕적 문제들을 명확하게 다루어야 하며, 직접적으로든 함축적으로든 아이들에게 분명한 메시지를 전달해야한다. 즉, 다양한 상황과 환경 아래에서 사람이 어떻게 행동해야하는지 우리의 생각을 분명하게 전달해야 한다."11)

오래된 속담처럼 행동이 말보다 더 크게 들리는 법이다. 그러나 최근의 연구들을 살펴보면, 신념이나 믿음 혹은 가치들을 전달하려면 행동 못지않게 말도 중요하다고 보고한다. 퍼듀 대학에서 아동 발달과 가족에 관한 연구를 시행한 린 오카가키Lynn Okagaki는 "종교적 신념들에 대해 규칙적이거나 특별한 대화를 하는 것이 학생들의 부모가 실제로 무엇을 믿는지 정확하게 인식하도록 돕는다. 자녀들에게 단지 믿음의 모범을 보이는 것만으로는 충분하지 않다"고 보고하였다.12) 자녀들에게 평화에 관한 당신의 생각과 신념을 모델로 보여주는 것과 설명하는 것은 아이들에게 평화를 전하는 데 있어 모두 중요하다.

신앙과 가치에 대하여 이야기하다

어쩌면 자녀들에게 모범을 보이는 것보다 여러분의 신앙을 설명하는 것이 더 어렵게 보일 수 있기 때문에, 이곳에서는 신앙과 가치에 대해 이야기하도록 돕는 몇 가지 생각을 나누고자 한다.

1. 당신이 무엇을 믿는지 여러분의 자녀들이 잘 안다고 추측하지 말 것.

혹은 이미 여러분이 아이들에게 말했으니까 무엇이 더 필요하냐고 하지 말 것. 옷을 제대로 걸어놓으라고 아이들에게 얼마나 많이 이야기했는지를 생각해 볼 것.

2. 자녀들과 함께 믿음에 대한 여러 가지 주제들을 놓고 대화 할
것.

당신이 만든 결정의 배후에 있는 가치들에 대하여 공개적으로 토
론할 것. 여러분의 가정에 아주 어려운 상황이 발생했을 때, 혹은
마을이나 세상에 아주 어려운 상황이 발생했을 때, 늘 들어왔던
문구들, 예를 들어 "예수님이라면 어떻게 하셨을까?"라는 질문과
더불어 토론을 의미 있게 만들도록 하라. 우선 하나님에 대한 당
신의 충성에 대해 먼저 이야기하라. 친구들이나 정부가 하나님의
법에 어긋나도록 하는 것이 언제인가 이야기하라. 하나님의 백성
이 정부의 요청을 따르기보다 하나님의 인도를 따르기로 결정하
게 된 역사적 상황이나 성서 속의 상황들에 대하여 토론하라.

3. 타협하지 않는 평화건설을 위한 행동들을 토론의 발판으로 삼
으라.

나의 남편 마크가 푸에르토리코의 비퀴스 섬에 기독교 평화건설
팀Christian Peacemaker Teams으로 가야한다고 갑작스럽게 결정해
야 했을 때, 그는 하나님께서 그를 부르신다고 믿었다. 그는 비퀴
스 섬에서 미국의 군사훈련을 거부하도록 평화적으로 시위하는
사람들과 함께하게 된 것을 매우 기쁘게 생각했다. 비퀴스 섬을
세 번째 방문하였을 때, 마크는 체포되었다. 네 살짜리 딸아이가
이 상황을 이해하도록, 우리는 바울과 실라부터 마틴 루터 킹 목
사에 이르기까지 다른 사람을 돕다가 감옥에 갇히게 된 사람들에

대해 이야기를 해주었다. 재스민Jazzmin은 폭탄을 던지는 사람들을 위해 발렌타인 카드와 초콜릿을 준비하였는데, 이러한 선물을 받고 그들이 다시는 폭탄을 던지지 않기를 희망하는 마음에서였다.

4. 여러분의 일상 행동에 대하여 이야기하라.

왜 여러분이 잡지를 읽는지? 왜 특별한 위원회들을 위해 봉사를 하는지? 왜 쓰레기 분리수거를 하는지? 왜 교회 일에 적극적으로 관여하는지, 그리고 왜 쉬는 대신 봉사활동을 하는지를 설명하라.

> 어린이들은 그리스도의 영을 실천에 옮기고 해석하는 사람들과 함께 살면서 평화를 향해 성장한다. 캐서린 애쉬리만 (Kathryn Aschliman)

5. 샬롬의 가치들과 더불어 살아간 사람들에 대한 이야기나 책을 함께 읽으라.

『평화는 당신에게서 시작됩니다』*Peace Begins With You*는 초등학교 아이들에게 샬롬에 근거한 평화의 여러 가지 측면을 쉽게 이해라도록 잘 요약해 놓은 책이다. 이 책은 당신이 필요한 것이 무엇이며, 당신이 원하는 것이 무엇이며, 다른 사람들과 땅을 평화롭게 돌보고, 다른 것을 어떻게 인정하고 받아들여야하는지 잘 설명해 준다. 『폭력적인 세상 속에서 평화로운 아이로 양육하기』*Raising Peaceful Children in a Violent World*는 "평화로운 문학: 아동 도서 속에서 평화를 위한 롤모델 찾기"라는 부분이 있는데 여기에는 독서에서 얻을 수 있는 여러 가지 유익을 나누고, 책을 선정하는 방식들, 그리고 이와 관련된 추천 도서 및 관련 활동을 소개한다.13)

평화 건설자들을 양육하는 데 책들이 많은 도움을 주기 때문에, 나는 여러 장을 통해 많은 책을 소개하였다. 필요한 사람들을 위해 더 긴 설명이 있는 평화 관련 자료들 및 가능한 목록도 웹사이트에 소개해 놓았다. http://peace.mennolink.org/teachpeace 도움을 얻으려고 이러한 책을 살 필요는 없다. 대부분의 도서관이 절판된 책에 이르기까지 거의 모든 책을 소장하기 때문이다. 만약 이러한 책을 구입하고자 원한다면, 인터넷 서점을 통해 이미 사용한 책들을 싸게 구입해도 좋은 방법이 될 것이다.

비폭력적 노력으로 갈등을 해결한 내용이라든가, 환경보호주의자들이 지구를 보호하는 데 어떻게 심혈을 기울이는지에 관련된 이야기를 자녀들과 함께 읽으라. 특히 아주 영민한 소녀라든가 사려 깊고 감성이 풍부한 소년들에 대한 책을 찾아 읽으라. 자기 나라 및 세계 여러 나라의 문화들에 대해 배우라. 자기 나라에서, 혹은 다른 나라에서, 혹은 정부 및 교회에 의해서조차 어떻게 사람들이 학대받거나 잘못된 처우를 받는지에 대해 말하기 힘든 사실들과 진리들을 기꺼이 배우라.

6. 유머 감각을 유지하라.

현재 우리가 사는 세상은 때때로 하나님께서 원래 계획하신 모습과는 너무나 동떨어져서 많은 사람을 낙심하게 만든다. 정말로 얼마 안 되는 그리스도인들만이 자신들이 선택한 리더들의 행동과 말을 진지하게 받아들이는 것처럼 보일 때, 하나님께 즐거이 복종하는 삶을 사는 사람을 발견한다는 것은 쉽지 않다. 무겁고, 의무에 사로잡힌 대안적 삶은 사람들에게 거의 호소력이 없다. 특히 우리 아이들에게는.

2002년 봄, 난민 캠프에 자살폭탄 테러사건과 이스라엘의 공격이 한창일 때, 팍스 크리스티Pax Christi는 사람들에게 자신의 집에 두 개의 초를 밝히도록 초대하였다. 하나는 이스라엘 사람들을 위한 것이었고, 또 다른 하나는 팔레스타인 사람들을 위한 것이었다. 우리는 그들을 기억하며 저녁 식사 시간에 두 개의 촛불을 밝혔다. 처음에 아주 작고 색깔이 있는 깃털을 식탁위에 놓아두었다. 공예품을 만드는 데 사용하였던 깃털이었다. 이 깃털을 본 딸아이들이 "저 깃털은 뭐예요?"라고 물었고, "닭들을 위한 것이란다"라고 나는 즉시 대답해 주었다. 마크는 생각을 모아 아이들에게 "폭탄이 터지고, 탱크가 땅을 유린하고, 군인들이 총을 쏘는 지역에서 알을 낳는다는 것이 얼마나 힘든지 상상해보렴"하며 아이들에게 깃털과 관련된 이야기를 해주었다.

비현실적 기대와 이로 인한 실패 다루기

"내가 어떤 사람이 되기를 바라는 거예요?"라면서 우리 딸이 소리를 질렀다. "완전한 사람이 되길 바라나요?" "음, 아니, 나는 그런 사람이 되길 바라기보다는 그저 합리적인 사람이 되면 좋겠어." 분명 딸아이는 자기를 향한 엄마의 기준이 너무 높다고 느꼈음이 틀림없다. 때때로 우리는 우리 자신에 대한 기준들을 너무 높게 잡고 있음을 발견한다.

자신을 너무 몰아세우는 사람들은 다른 사람들이나 자신에게 지나치게 형식적으로 대하는 때가 많다. 이러한 모습은 하나님께 온 것이 아니다. 우리의 생각과 가치들이 사랑스러운 행동으로 나타나도록 해야 한다. 한 친구가 자기 딸에게 있었던 일을 나에게 말해주었다.

아만다가 빵을 굽고 싶어서, 도서관에서 책을 빌려다가 책에 나와 있는 대로 빵을 구우려고 했어. 아마도 아만다는 자기가 완벽하게 빵을 구울 수 있고, 빵이 책에 있는 모습대로 나오리라고 생각했나봐. 그런데 나는 "다른 밀가루를 사용했어야 했는데"라고 말해버렸지 뭐야. 나는 내 말 때문에 딸아이가 얼마나 실망했는지 한참동안 깨닫지 못했어. 딸아이는 자기 나름대로 아주 멋진 빵을 만들고 난 후, 결국 엄마의 비판어린 반응을 들은 셈이었지.

다른 밀가루를 사용해야 하는 사실이 중요하지만, 친구의 딸이 만든 아름다운 빵을 긍정적으로 인정해주는 것만큼은 중요하지 않다.

실패와 좌절은 모든 사람의 삶의 부분이기 때문에, 부모로서 우리 자녀들이 제대로 세상을 살기 원한다면 자신들과 다른 사람들의 실패와 좌절들을 어떻게 건강한 방식으로 다루어야 할지 잘 알아야만 한다. 이것은 평화 건설을 위해 헌신적인 사람들조차도 종종 잃기 쉬운 내면의 평화 및 관계의 평화이기도 하다. 예수의 지고한 소명은 기쁨을 만들어내는 고백, 겸손, 용서를 통해 하나님의 은혜를 신뢰하도록 만들거나 사람들에게 끊임없는 실망감을 안겨주기도 했다.[14]

샬롬 생활방식

1980년 『간편한 요리책』과 『보다 적게 소유하며 살기』의 저자인 도리스 롱에이커Doris Longacre는 잠깐 언급하고 마는 그런 평화 건설 방식을 넘어서 샬롬 생활방식과 관련된 행동 목록을 작성하였다. 그녀가 말하는 더 적게 소유하면서도 더 풍성하게 사는 다섯 가지 생활방식은 복잡다단한 세상에서 단순하고 검소하게 사는 샬롬 생활방식을 잘 요약해 준다.

- 정의를 실천하라.
- 세상의 공동체에서 배우라.
- 물건이 아닌 사람들을 길들이라.
- 자연의 질서를 소중히 여기라. 모든 창조세계를 돌보라
- 자유롭게 비순응의 삶을 살라.[15]

우리가 사는 현 세계는 하나님, 가까운 이웃과 멀리 있는 이웃들, 그리고 하나님의 창조세계와 평화롭게 살기 원하는 가족들에게 새로운 도전이 된다. 모든 생명을 가치 있게 여기고 이러한 가치대로 사는 방식들이야말로 이 책의 핵심이다. 특별히 다음 장들은 평화 및 정의의 가치로 자녀들을 양육하는 내용들을 다룰 것이다.

토론을 위한 질문

1. 지난 몇 년 동안 당신이 속한 교회를 통해 가정생활에 어떠한 변화가 있었으며 어떠한 경험을 하였는가?

2. 당신의 가족은 샬롬의 가치들에 대해 어떻게 이야기하고 모범을 보이는가? 이러한 가치들 중 당신이 지속적으로 유지하고자 하는 것은 어떠한 것인가? 당신의 가족을 위해 변화를 주고 싶은 가치는 무엇인가?

3. 당신의 이상을 따라 사는 생활 속에서 실패를 경험하였을 때 어떻게 반응하는가?

4. 도리스 롱에이커가 표현한 샬롬 가치들에 대하여 아이들과 함께 어떠한 토론을 할 수 있는가? 어떠한 내용을 함께 이야기하고 싶은가?

제3장

샬롬과 더불어 살기: 관계 속에서

하나님과 믿음의 사람들 사이에 존재하는 관계는 하나님에 대한 우리 이해의 근간을 이룬다. 하나님에 대한 우리의 지식은 주로 이러한 관계 및 관계의 역사에서 온다. 메노나이트 신앙고백서 16)

우리의 하나님은 관계의 하나님이다. 변화시키는 하나님의 사랑에 접촉하면서, 또 그 사랑에 헌신하면서, 우리는 '하나님과 유사하게' 서로 관계하기를 선택한다. 하나님의 신실하심과 예수 안의 하나님의 비폭력적 사랑의 역사는 하나님의 자녀로서 우리가 서로 어떻게 관계해야 하는지를 잘 보여준다.17)

1. 여러분의 결혼과 다른 사람들과의 관계를 잘 돌아보라.

만약 우리가 다른 사람들과 평화롭게 살기 원한다면, 우리의 결혼 및 다른 사람들과의 관계를 잘 돌봐야 한다. 이것은 필수다. 심리학자인 베키 베일리Becky Bailey는 "남편과 아내가 서로 이름을 마구 부른다든지, 서로를 움츠러들게 하는 여러 가지 방법을 사용하는 등 엄청난 전쟁을 치른다. 그런 모습을 보이면서 자녀들에게는 평화롭게 갈등을 해결하라고 요구한다"라고 지적하였다.[18]

당신의 아이들은 당신과 당신의 배우자, 혹은 이전의 배우자 및 당신의 인생 속에서 매일 만나는 다른 중요한 어른들이 사는 방식을 보며 자란다. 이들을 대하면서 당신은 그들을 존중하는 마음을 갖고 대화하는가? 당신의 사랑을 표현하며 서로를 인정하며 대화하는가? 집안일을 처리하는 데 얼마만큼 서로 짐을 져주는가? 재정과 같은 가정의 중요한 사안들에 대해 서로 의논하는가? 당신이 일하는 일터 및 다니는 교회의 의견이 같지 않은 사람들에 대해서는 어떻게 이야기하는가?[19]

집에서 보내는 시간은 얼마 되지 않고 아이들의 일정은 너무나 복잡한 상황에서, 바쁜 삶을 살아가는 배우자와 더불어 이러한 중요한 이슈들을 함께 이야기할 시간을 찾는다는 것은 점점더 어려워지고 있다. 만약 이러한 상황을 그대로 방치한다면, 아주 작은 문제가 점점 더 커져서 결국은 가족의 중요한 문제로 발전하게 된다. 결혼은 질적인 시간과 양육을 필요로 한다. 아이들의 자람도 마찬가지다. 만약 성가신 문제들에 대해 만족스런 해결을 보지 못한다고 느낀다면, 너무 늦기 전에 상담을 받는 것이 좋을 것이다. 도움을 요청하는 것은 성숙하다는 표현이며 어린 자녀들에게도 좋은 모범이 된다. 목사님들에게 이런 저런 문제들을 안고 있는 여러 부부를 도우며 그들과 깊은 관계를 유지한 경험이 있는 사람들을 추천해달라고 요청하라.[20]

2. 양육과 훈계: 여러분이 보내는 메시지가 무엇인지 깊이 생각하라.

건강한 관계에는 의사소통, 존중, 돌봄 및 미묘한 경계선을 지켜주는 것 등 아주 많은 측면이 있다. 우리는 굴욕감이나 창피를 주지 않고 우리 아이들을 존중하기 원하면서도, 전혀 도움 되지 않는 방식으로 아이들을 대하는 우리 자신의 모습을 종종 발견한다. 『유능한 인간으로 성장하기』*Developing Capable People*라는 시리즈는 많은 도움을 줄 것이다. '긍정적인 양육과 훈계' Positive Discipline라는 장은 양육과 훈계에 대한 비생산적 형태들에 대해 자세하게 다룬다.[21] 『평화로운 자녀양육 핸드북』*The Peaceful Parenting Handbook* 또한 자녀들이 손에서 벗어나기 전 평화로운 방식으로 어린 시절의 행동 문제들을 다루도록 여러 가지 양육과 훈계 방법들을 소개한다. 『폭력의 세상 속에서 평화롭게 자녀 양육하기』는 평화로 맞설 수 있는 자녀 양육 방식들만을 위해 한 장을 할애한다.[22]

분노Anger 불행히도 분노를 적절히 다루지 못해서 많은 일이 악화되거나 잘못되는 결과가 빚어진다. 그러나 건강한 방식으로 분노를 다루는 것은 아주 어려운 일이다. 내가 고함을 지르자 나의 딸이 "제발 나에게 소리 좀 지르지 마세요"라며 분노의 반격을 가해 왔을 때, 스스로 얼마나 놀라고 격분해 있었는지 기억한다. 자신의 분노를 인정하고 우리 자녀들 또한 똑같은 방식으로 분노할 수 있다는 것을 인정하는 것은 건강한 출발점이 될 것이다.

제임스 돕슨Dr. James Dobson은 자녀들을 훈계할 때 가장 일상적으로 저지르는 실수가 "남자 아이들과 여자 아이들을 다루려고 부적절한 분노를 사용하는 것이다. 이러한 방식들은 가장 비효과적인 방식 중 하나이다…. 어른들의 분노는 그들의 마음속에 존재하는 어떤 악의 내지는 적의를 부추기는 것이다"라고 지적하였다. 그는 자녀들이 관심의 대상이 되고 있다는 느낌을 받을 만큼 더 나은 행동으로 자녀들을 훈육하라고 권한다. "그렇게 하면 정말 끝내주는 방식의 훈육이 될 것이다."23)

매spanking/hitting 아이들에게 매를 드는 것에 대해 내가 적극 반대하는 첫 번째 이유는 분노로 말미암아 매를 드는 때가 허다하기 때문이다. 더 나아가 마지막 방법으로 사용하는 매라 할지라도 부모가 화가 나거나, 스트레스를 받거나, 마땅히 다른 방법이 없을 때 매를 들면 항상 성급한 행동이라는 결과가 될 뿐이다. 또한 갈등에 대해 매가 전달해 주는 기본 메시지는 문제를 더 복잡하게 해줄 뿐이다. 당신이 더는 뾰족한 생각이 없거나 최악의 상황에서 매를 들면, 그들의 행동을 멈추기 위해 그들의 감정을 해쳐도 좋다는 모습으로 나타난다. 린그렌Lindgren의 다음과 같은 글은 우리에게 시사해 주는 바가 많다.

"내가 20세였을 때, 연세가 지긋하신 어느 한 목사 부인을 만나 들은 이야기다. 비록 당시에 나무 가지를 꺾어 회초리를 만들어 아이들을 때리는 것이 일반적인 처벌 방식이었음에도, 아주 오래전, 자신의 첫째 아이 때부터 아이들을 때리는 것은 옳지 않다고 믿었다. 그러나 그녀의 아들이 네 살 혹은 다섯 살 쯤 되었을 때, 어느 날 아들은 엄마에게 매를 맞아도 합당한 어떤 잘못을 저질렀다. 그의 인생에서 첫 번째로 생긴 일이었다. 그때 그녀는 아들에게 밖으로 나가서 회초리를 만들어 오라고 말했다.

그 아이는 밖으로 가 아주 오랜 시간을 보냈다. 그는 회초리가 될 만한 무언가를 들고 돌아오며 울고 있었다. 그는 엄마에게, "엄마, 회초리를 구할 수 없었어요. 그렇지만, 여기 회초리 대신 돌멩이가 있으니 제게 던지세요"라고 말했다.

갑자기 그 엄마는 그 상황이 아이의 처지에서 어떻게 느껴졌는지 이해하였다. 만약 엄마가 나를 해치기 원한다면, 아이는 그것이 회초리이든 돌이든 상관없을 것이라고 생각한 것이다. 엄마가 자신에게 상처를 주고자 한다면, 돌멩이도 상관없으리라고 생각한 것이다."[24]

나는 어떤 아이들의 행동 중에는 정말로 받아들이기 힘든 것이 있다는 사실과 아이들이 매를 맞아도 합당할 뿐 아니라 그 이상의 어떤 적절한 수단이 없을 만큼 좌절감을 겪게 하는 상황이 있음을 기꺼이 인정한다. 그러나 여전히 매와 관련된 폭력과 매가 부적절한 것이라는 생각에는 변함없다.

3. 자녀들에게 갈등과 분노의 감정을 올바로 이해하도록 긍정적인 틀을 제공하라.

사람들이 다른 의견을 갖고 있거나 서로를 괴롭히는 상황에서 빚어지는 갈등은 아주 정상적인 삶의 한 부분이다. 그러므로 갈등의 가장 친한 친구인 분노의 감정 또한 정상적인 삶의 한 부분이다. 갈등 전환 분야에서 일하는 사람들이 수십 년 동안 가르치면서 보고하는 바대로 이러한 것은 피해야할 어떤 것이 아니다. 바울은 에베소에 있는 그리스도인들에게 "화를 내되 죄를 짓지 말라"[25]고 썼다. 예수님 또한 정의롭지 못한 것에 대해 화를 내셨다.[26] 그러나 많은 가족과 교회가 갈등을 보면 뒷걸음질 칠 정도로, 갈등은 여전히 사람들을 불편하게 만든다.

가족 안에서 그 모습이 어떠하든지 간에 사람들의 감정을 인정해주는 것은 아주 좋은 일이다. 이러한 감정을 표현하는 것은 괜찮다. 그렇다고 모든 감정적 반응들이 다 괜찮은 것은 아니다. 당신의 아이가 자신의 감정을 올바로 인식하고, 긍정적 방식으로 자신의 화난 감정을 다루도록 도와주라.[27]

예를 들어, 당신은 "벤, 네 입술이 삐죽 나와 있는 걸 보니 화가 난 것 같구나. 엘레나가 네 장난감을 발로 밟아 화가 났니?"라고 말할 수 있을 것이다. 혹은 "누군가가 네 물건을 흩어 놓았을 때 화를 내는 것은 괜찮아. 그렇지만, 그것 때문에 그 사람을 때리는 것은 안 되지. 그렇게 하면 그 사람에게 상처를 주게 되거든. 그 사람에게 어떻게 하는 것이 좋을까?"라고 말할 수 있을 것이다. 만약 화난 감정에 대해 더욱 직접적으로 이야기하고자 한다면, "아주 단단히 화가 난 모양이구나. 네가 왜 그러는지 이해할 수 있을 것 같아… (아이에게 자신의 감정이 어떤지 이야기하도록 하라) … 그러면, 다른 사람을 해치지 않으면서 너의 이러한 감정에 솔직할 수 있는 어떤 좋은 생각은 없니?"라고 말할 수도 있다. 실제로 밖에 나가 잠시 달리기를 한다든지, 공을 찬다든지, 감정에 대해 다른 사람에게 이야기 한다든지, 감정을 글이나 그림으로 표현해 본다든지, 혹은 푹신한 침대를 맘껏 두들겨 본다든지 하는 여러 대안이 있을 것이다.[28]

갈등의 상황에 있을 때, 어떤 말과 행동들은 문제를 더욱 악화시키거나 감정을 고조시키는 반면, 어떤 말과 행동은 문제를 사라지게 한다. 놀리거나 비난하거나 비아냥거리듯 이름을 부르거나, 이전의 문제를 끌어들이거나, 너는 항상 그런 식이야, 너는 결코 그런 적이 없어 하며 사건을 일반화 시키거나 조롱하는 것은 갈등을 더욱 악화시킨다. 다른 사람의 상황을 인정하고, 다른 사람을 끌어들이지 않는 모습의 유머라든가, 온화한 목소리로 말하거나 타협안을 제시하는 것은 갈등을 누그러뜨리는 데 많은 도움을 준다. 그들이 이러한 상황을 마주할 때, 주로 감정이 격해지는 쪽으로 인도함을 받았기 때문에 비록 어린 아이들이라 할지라도 이러한 개념은 충분히 이해할 수 있을 것이다.

4. 자녀들이 갈등에 대한 반응들을 이해하도록 도우며 올바른 선택을 하도록 도우라.

아이들과 함께 갈등의 상황에서도 선택할 수 있는 다양한 방법들을 미리 생각해 보는 것은 큰 도움을 줄 것이다. 이러한 브레인스토밍은 새로운 가능성을 보도록 아이들의 상상력을 자극할 것이다. 그러나 갈등의 상황에서 서로 다른 성격 때문에 서로 다른 반응을 할 수 있다는 사실을 아이들이 이해하는 것 또한 중요하다. 어떤 사람들은 아무 말도 없이 조용히 있다가 이내 방을 떠나기도 한다. 어떤 사람은 적극적으로 자신의 견해를 표명하면서 큰 소리로 자신의 의견을 이야기하기도 한다. 어떤 사람은 한 발짝 떨어져서 상황을 지켜보기도 한다. 이를 이해하는 것은 주먹을 들고 싸우는 한가운데에 있는 어린이들을 위로해 줄 수 있다. 다섯 가지 기본적인 반응을 나타내는 동물들로 정리된 목록은 어린이들을 도와줄 수 있다.

- 상어 – 강요하는 스타일. 윈-루스 스타일
- 곰 – 뭐든 다른 사람에게 맡기는 스타일
- 거북이 – 회피 혹은 도망가는 스타일
- 여우 – 타협하거나 어중간한 스타일
- 올빼미 – 문제를 해결하는 스타일. 윈-윈 스타일

좀 나이가 있는 어린이들에게, 오른쪽의 도표는 많은 도움을 줄 것이다. 다음 도표의 한 방향은 관계의 중요성을 말해주고, 다른 방향은 일과 문제의 중요성을 말해준다.

　예를 들어 당신이 한 친한 친구와 어떤 영화를 볼 것인가 결정할 때, 당신이 정말로 신경 쓰지 않는다는 태도를 보이면, 의사결정을 다른 사람에게 맡기는 테디 베어 스타일이 되는 것이다. 왜냐하면, 당신은 어떤 영화를 보는가보다 관계가 중요하기 때문에 친한 친구에게 어떤 조그마한 불편함도 주고 싶지 않기 때문이다. 한편 당신이 강요하는 상어 스타일이라면, 관계보다 옳다고 여기는 생각을 관철시키는 것이 더 중요하기 때문에, 당신을 설득시키려는 친구들을 자신의 의사결정을 방해하는 존재라고까지 생각할 수 있다. 만약 원하지 않는데도 판촉사원이 잠바를 구매하도록 귀찮게 할 때, 당신은 거북이 유형이 되어 회피하는 것이 최선의 방책이 될 것이다. 왜냐하

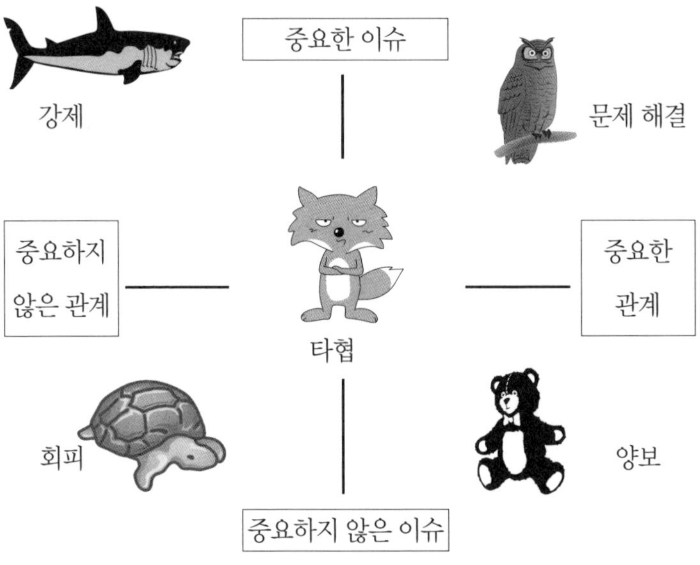

면, 판촉사원과 당신은 아무런 관계도 공유할 이슈도 없기 때문이다.

그러나 가족 간에 당신이 돌아보아야 할 사람이나 문제가 생겼을 때, 갈등을 회피하고자 거북이 유형을 보인다면, 결국 아무것도 해결할 수 없을 것이다. 그러나 적극적으로 문제 해결을 시도하는 올빼미 형도 항상 최선의 방법은 아니다. 그렇지만, 우리의 관계 속에서 가장 자주 사용하도록 개발하는 유형임은 분명하다.

관련 웹사이트www.peace.mennolink.org/teachpeace를 방문하면 어떻게 어린이들과 어른들이 처한 갈등을 적절하게 대처할 수 있는지 정보를 볼 수 있다.[29]

5. 갈등을 통해 일하는 건강한 방법들을 가르치고 자녀로 하여금 당신 자신의 방법들을 따르게 하라.

공정한 싸움fight fair을 위해 기본 원칙을 제시하라.

- '나'를 표현할 수 있는 'I' 메시지 ("너의 그런 행동 때문에 내가 무척 화가 나거든"하는 식으로 말하지 말고 "내가 ~ 일로 지금 많이 화가 나있거든"이라고 감정을 전달하라)
- 문제에 집중하여 문제가 무엇인지 말하기
- 사람을 공격하지 말고, 문제를 공격하기
- 열린 마음으로 상대의 이야기를 들어주기: 자신의 언어로 다시 말해보기
- 존중하는 마음으로 상대의 감정을 대하기

- 자신이 한 행동에 책임지기
- 상대방이나 문제의 크기나 힘에 좌우되지 않기
  (위의 기본 원칙은 프란 슈미트Fran Schmidt와 앨리스 프리드만 Alice Friedman이 학생들을 위해 개발한 원칙들이다.30) 맨 마지막 항목만 내가 더한 것이다.)

위의 원칙들을 따른다면 부모들과 아이들 간에 발생하는 갈등에 도움을 얻을 수 있다. 부모들이 이성을 찾고자 노력할 때, 이러한 원칙들은 성난 목소리나 빈정거리는 투로 들려질 수 있다. 나의 딸들은 목소리를 높이지 않은 상태에서 이러한 원칙을 말할 때조차 내가 마치 협박이나 고함을 치는 것처럼 들린다고 말해 주었다.

사실 위의 원칙들은 갈등해결을 원하는 모든 사람을 위한 기본 원칙이다. 또한 이러한 원칙을 하나하나 지켜나가는 것은 제3자가 개입하든 안하든 갈등을 해결해나가는 데 매우 유용한 과정이 되기도 한다.

- 서로를 방해하지 않으며 무슨 일이 일어났는지 차례로 말해보라
- 각자가 말한 것을 올바로 이해하는지 분명히 하고 감정을 나누라. 필요하다면 상대방이 말한 것을 다시 반복해 보라.
- 가능한 해결책들을 충분히 제시해보라.
- 서로가 제시한 해결책들 중에 함께 실천할 수 있는 방안들을 선

택하라.

- 최종적으로 서로 동의할 수 있는 방법을 찾아보라.
- 필요하다면 이 해결책이 도움이 되었는지 확인하도록 다음 시간을 정하라.

어린이들이라고 창조적이며 가능한 해결책을 제시할 능력이 없을 것이라고 과소평가하지 말아야 한다. 유치원에 다니는 내 딸은 학교에서 돌아오는 버스에서 누가 앞에 앉을까 하는 문제로 친구와 싸웠다. 내가 그들의 생각이 어떠했는지 물었을 때, 나의 딸 자스민은 "둘 다 앞에 앉을 수 있는 방법을 생각해 냈지요"라고 대답하였다. 긴 의자 중간에 끼어 앉아 모두가 안전벨트를 착용할 수 있었다고 말했다. 이것은 어른인 나조차도 생각하지 못했던 선택이었다.

어떤 가정에는 가족 구성원 간에 갈등이 있을 때 모두 모여 이야기를 하는, 평화의 테이블과 같은 특별한 장소가 있다.[31] 그들은 싸울 때조차 공정한 기준으로 문제를 해결하려고 기꺼이 함께 노력한다. 만약 그들이 순서를 정해 놓고 말하는 데 문제가 생기면, "평화를 상징하는 막대기"peace stick:혹은 평화를 상징하는 물건를 가진 사람만 말하도록 약속하고 대화한다. 이 평화를 상징하는 막대기를 가진 사람만 말하고, 그 사람의 말이 끝나면 다음 사람에게 막대기를 건네주는 방식이다. 때때로 아이들 간에 문제가 발생하면, 부모들이 함께 하는 것이 좋을 것이다. 토론 전에 감정의 열기

를 식힐 시간을 가질 필요도
있다.

부모로서 기억할 것은 함께
갈등을 해결하는 것이 아이들
의 인격 형성에 큰 도움을 주
며 아이들이 건강하게 성장하
도록 도와준다는 사실이다.
"너희 둘이 서로 나누는 것을
배울 수는 없겠니? 샌디, 네가
5분 동안 이것을 갖고 논 다음
크리스에게 넘겨주는 것은 어

> 우리의 목적은 아이들 사이에 발생하는 모든 논쟁을 없애는 것이 아니다… 우리의 과제는 아이들이 스스로 파 놓은 구덩이에서 빠져나올 수 있도록 아이들에게 창조적 방식을 제공하는 것이다. 내가 아는 최고의 선물은 아이에게 가장 좋은 삽을 쥐어 주는 것이다. 린다 크로포드 (Linda Crawford)

떻겠니?"32)라며 해결책이 될 만한 기준들을 제시하면 아주 소중
한 배움의 과정이 될 것이다.

6. 아이들과 갈등을 겪는 부모들을 위한 자세한 지침들

- 아이들의 불평이나 행동에 매달려서 지나치게 열 받는 논쟁을
  하거나 고함을 치지 않도록 하라. 일어난 사실/문제에 집중하
  면서 침착하게 상황을 설명하라. 당신 자신이 그 상황을 객관
  적으로 보아야 하는 사람임을 잊지 않으면서 최선의 행동이 무
  엇인지 질문함으로 원하는 결과를 이끌어내라.

- 그리고 아이들의 행동이 폭발 직전의 상황이라서 당신이 할 수
  있는 일이 더는 없다고 느껴지면, 잠깐 동안이라도 쉼을 가지

라. 침실이나 화장실 같이 가장 좋은 장소로 가서 문을 닫고 쉼
의 시간을 가지라. 당신이 처한 상황을 충분히 이해하고 이야
기할 수 있는 친구에게 연락하여 도움을 받으라.

- 상황 속에서 가능할 때마다, 해결책을 위해 제시한 기준들을 반
복, 점검하라. 이렇게 하는 것은 아이들이 해결책을 찾을 때 필
요한 것들이 무엇인지 배우게 해준다.

- 당신이 뭔가 잘못했다면 잘못을 인정하라. 미안하다고 말하고
사과하라.

아이들과 함께 있을 때, 당신이 적절하게 반응해야 할 때가 있다.
그러나 이러한 반응에 일관성이 있어야 한다. 나와 남편은 갈등의 정
도에 따라 그리고 우리가 얼마나 건강하게 반응을 하느냐에 따라 1
점에서 4점까지 점수를 매긴다. 우리와 비슷한 상황을 경험하는 몇
몇 친구들도 이러한 방법을 따른다. 만약 어떤 친구 부부가 10점을
받으면, 우리는 이들을 축하하고자 식당에 가서 함께 식사를 한다.

몇 년이 지난 후에, 나는 딸아이와 아주 기분 좋게 식료품점에서
쇼핑을 하게 되었다. 나는 "내가 받은 10점은 아주 가치 있는 점수
야. 남편에게도 이야기 해야지"하고 생각했다. 만약 내가 집에서 딸
아이의 엉덩이나 손바닥이나 신체의 어느 부분을 때리면, "네가 다
른 사람을 때리는 것은 그 사람에게 상처를 주며, 부모들도 상처를
받을 수 있다"는 메시지가 된다.

만약 아이들과 갈등이 반복적으로 잘 해결되지 않으면, 아이들의

행동에 대해 전문가를 만나보는 것도 고려해야 한다. 그들은 아마도 새로운 통찰력을 제공해 줄 것이다. 어쩌면 전문가들은 정신적인 문제에 대해 언급할지도 모른다. 집중력 결핍이나 과민반응을 보이는 아이들은 타임아웃이라든가 격리조치를 취하는 일반적인 방법이 별 소용이 없다. 많은 부모 중 어떤 부모들은 몇 년 동안 행동치료라는 과정을 밟아야 했다. 아이들이 우울증을 진단받고 적절한 약물치료를 받아 놀라운 차이를 보여 아이들과 부모들의 인생이 바뀌는 모습도 어렵지 않게 볼 수 있다.[33]

7. 집 밖에서 일어나는 갈등을 스스로 해결하도록 아이들을 훈련해라.

부모들이나 아이들에게 영향을 미치는 사람들이 없을 때, 그리고 똑같은 기준이나 가치가 존재하지 않는 장소에서 갈등이 일어날 때도, 아이들 스스로 갈등을 해결할 수 있어야만 한다. 아이들이 염려하는 이러한 상황들에 대해 아이들의 말에 귀를 기울이라. 그리고 이러한 상황에서 어떻게 반응해야하는지 함께 생각해보고 기도하라.

아이들이 제공하는 정보에 대해 비판하지 않으며 기꺼이 들어주면 아이들이 상황을 더욱 더 편안하게 바라볼 것이다. 일단 부모가 아이들의 말을 비판하지 않고 있는 그대로 받아주면, 아이들은 자기의 상황을 부모에게 숨기지 않고 다 말하게 된다. 피해를 받는 쪽이 있을 때 아이들에게 비밀을 보장해 주며 보호하도록, 그들이 아는 것에 대해 언제 그것을 말해야할지 정확하게 아는 것이 최고의 비밀이

라는 점을 아이들에게 가르쳐야 한다. 곧 밝혀질 비밀들은 결코 오래
가지 못하는 법이기 때문이다.

　친구들을 괴롭히거나 "왕따"시키는 것은 늘 일어나는 문제로
특히 학교에서 자주 일어난다. 피해를 보는 아이들은 협박을 받았기
때문에, 혹은 자신이 받은 피해로 말미암아 또 다른 누군가가 피해를
입을까봐 어른들에게 상황을 말하기를 주저한다. 만약 당신의 아이
들이 문제와 관련되어 있다면, 아이들이 무슨 이야기를 하든지 당신
이 아이의 안전을 지켜줄 것이라는 사실을 분명히 할 필요가 있다.
우리가 왕따에 대해 생각할 때 대개 남자아이들만을 생각하는 경향
이 있는데, 실제로는 여자 아이들에게도 형태는 다르지만, 거의 똑같
은 상황이 발생한다.

　『왕따가 없는 학교를 위해』*Towards Bully-Free Schools*에는 왕따와
관련된 가해자 및 피해자의 특징, 전형적인 왕따 유형에 대해 자세히
소개하며, 이에 대한 효과적인 대처 방안들이 실려 있다. 『외톨이에
서 벗어나기』*Odd Girl Out*는 왕따 및 반사회적 행동에 대한 행동을 여
성의 관점에서 설명해 놓은 책이다. 이 책은 여자아이들에게 문화적
으로 갈등을 인정하거나 분노를 표현하지 못하도록 하는 때에 이러
한 행동이 초래될 수 있음을 알려준다. 저자는 딸을 가진 부모들에게
이러한 사실을 어떻게 이야기할 수 있는지 여러 가지 방안을 제시한
다.34)

토론을 위한 질문

1. 만약 당신이 결혼한 사람이라면, 배우자와 당신의 관계가 얼마나 건강한지 1~10점 사이에서 점수를 매겨보라. 만약 당신이 결혼을 하지 않았다면, 가장 친한 친구 혹은 직장에서 함께 일하는 사람과의 관계가 얼마나 건강한지 1~10점 사이에서 점수를 매겨보라. 그 사람과 함께 토론하고 싶은 일이 있으면 그것이 무엇인지 생각해 보라. 이것은 현재 당신이 집에서 어떻게 건강한 관계를 이끌어가고 있는지 알게 하는 척도가 될 것이다.

2. 건강에 문제가 있어서 의사를 찾는 것과 같이 관계에 문제가 있을 때 누구에게, 어떻게 도움을 청하는가? 이 두 가지는 어떻게 다른가?

3. 만약 당신이 원한다면, 인간관계의 문제를 해결하는 과정에서 제3자의 도움을 받은 경험을 나누라.

4. 그리스도인의 삶에서 갈등과 분노에 대한 당신의 견해를 말해보라. 당신이 가진 견해가 성서적 관점에 부합하는가? 당신이 가진 견해를

자녀들에게 물려주기 원하는가? 그렇다면 왜 그런지, 그렇지 않다면 왜 그런지 이야기해보자.

5. 당신 가정에서 전형적으로 일어나는 갈등을 증폭시키는 것들은 무엇인가? 이러한 상황에서 당신이 갈등을 사라지게 하려고 사용하는 방법은 무엇인가?

6. 해결책을 위해 제시한 공정한 기준 중 가장 따르기 어려운 기준이 있다면 어떠한 것인가?

7. 당신의 자녀들이 위에 언급한 제안들을 사용함으로써 갈등을 잘 극복하였던 사례를 함께 나누어보자.

제4장
샬롬과 더불어 살기: 일상 속에서

인류 가족의 안녕을 증진시키는 것은 어떠한 모습이든 샬롬을 전하는 것으로, 평화를 만드는 행위이다. 로버트 맥카피 브라운 35)

인생의 행보

평화롭게 살지 못하는 현재 우리의 모습을 가장 잘 반영하는 것은 스트레스를 초래하는 바쁜 생활 방식이다. 하나님께서 우리에게 기대하는 것 보다 더 많은 것을 하려고 노력할 때, 너무나 많은 일과 압력에서 자유롭지 못하고, 숙면을 취하지 못하여 피곤하고, 심장질환을 앓는 모습들은 우리에게 찾아드는 삶의 고통과 부작용이다.. 우리 자신과 우리가 속한 가족의 건강을 해칠 정도로 활동하는 것은 우리가 믿는 하나님이 혹독하게 일을 시키는 하나님이라고 말하는 것이거나, 우리가 하나님의 말씀을 듣지 않으며, 더 나아가 하나님께 복종하지 않는 삶을 산다고 세상에 말하는 것과 같다. 파커 팔머Parker Palmer는 이러한 삶을 "기능적 무신론"이라고 했다.

1. 하루 쉬는 날을 가지라

안식일을 지키라는 하나님의 명령을 따르는 것은 당신의 심리적 건강과 육체적 안녕을 증진시켜 준다. 심리적 건강과 육체적 안녕은 진정한 샬롬을 위해 꼭 필요하다. 웨인 뮬러Wayne Muller는 "우리는 우리 자신과 우리 가족 안에서 조용한 혁명을 시작함으로 사회를 변화시킬 수 있습니다"라고 말했다. "사랑하는 사람들과 서두르지 않는 교제를 나누도록 함께 호흡하며, 함께 쉬며, 기도하며, 묵상하며, 걸으며, 노래하며, 식사하며, 시간을 보냅시다."36) 일요일에 일을 해야만 하는 사람들도 충분한 쉼과 새로운 활력을 얻도록 주중에 쉬는 날과 시간을 따로 정해놓아야 한다.

2. 하나님과만 함께 하는 시간을 계획하라.

당신의 하루 삶을 위한 하나님의 계획이 무엇인지 듣고 질문할 시간을 찾으라. 나는 아이들이 일어나기 전에 일찍 일어나는 사람이 아니지만, 아이들의 방해를 전혀 받지 않는 가운데 성서를 읽고, 기도하고, 묵상하는 시간을 매일 최소

> 우리가 여러 가지 갈등을 일으키는 염려에서 벗어나지 못하는 것과, 끊임없이 다가오는 요구에 우리 자신을 굴복시키는 것과, 아주 많은 일을 잘 해내려고 철저히 헌신하는 것은 폭력에 굴복하는 것이다. 운동가의 열광조차 평화를 위해 일하도록 누그려 뜨려야 한다. 운동가의 열광은 내면의 평화를 위한 자신의 능력을 파괴시키기 때문이다.토마스 머튼

10~15분 이상을 갖는다. 한 친구가 내게 아이들이 일어나기 전에 어떻게 자신이 기도와 묵상의 시간을 갖는지 이야기해 주었다. "딸아이에게 아침 일찍 일어나 하나님과 함께하는 시간을 위해 기도의자에 앉아있는 나를 보면, 조용히 나의 무릎에 와서 앉도록 가르쳐주었어. 그렇게 조용히 와서 내 무릎에 앉는 것은 얼마든지 환영받지만, 나를 방해해서는 안 된다는 것을 잘 알지." 몇 년 뒤에, 친구의 딸은 자기 엄마가 시종일관 기도하는 모습을 보는 것이 자신에게 큰 위로가 되었다는 사실을 사람들에게 말해 주었다.

3. 헌신의 시간에 집중하라.

우선순위가 무엇인지 깊이 생각해 보라. 당신의 우선순위가 당신이 어떻게 시간을 사용하는지 잘 반영하는가? 당신에게 주어진 한 해 동안 당신이 정말로 해야 할 일들과 그 일을 해야 할 이유가 무엇인지 결정하라. 만약 당신이 새로운 위원회에 참여하거나 새로운 일을 맡는 것이 우선순위로 정해졌다면, 덜 중요한 것을 과감하게 버려라.

아이들의 능력, 에너지 및 집에서 하는 숙제, 집안일 돕기 및 자유로이 놀 수 있는 시간을 감안하여 어린 자녀들의 활동이 너무 많지 않도록 제한하라. 아마도 한 번에 한 가지나 두 가지 정도의 과외활동을 하는 것이 좋을 것이다. 좀 더 나이든 자녀들과 시간을 보내야 함도 깊이 생각해보라.

4. 기도 및 예배가 가정생활에 깃들도록 하라.

식사 시간에 기도드릴 때 다양한 방법으로 기도하라. 예를 들어 끝에 "맞아요?"하면서 한 사람씩 돌아가며 무엇이 감사한지 말해보라. 그 후, 모든 사람이 "맞아요!"하고 답해보라. 혹은 각 사람이 손을 테이블 한가운데로 내밀며 자신이 감사하는 것을 한 가지씩 말해보도록 하라. 모든 사람의 말이 끝나면 다 같이 손을 잡고 "아멘"하고 외치라. 『부모로서의 여행』*Parent Trek*에 실려 있는 부록은 식사시간에 부르는 노래들이 실려 있다. 서로 다른 전통에서 불리는 식사 찬송이 『백 가지 감사 찬송』*One Hundred Grace*에 잘 실려 있다.[37]

당신이 특별히 기도해야할 제목을 안다면, 여행 중인 사람들, 아픈 사람들, 갈등 중에 있는 세계 지역들, 큰 결정을 해야 하는 사람들, 혹은 교회의 큰 행사를 위해 식사 전, 하나님의 사랑스런 보살핌을 기도하는 마음으로 그 사람들을 기억하는 촛불을 밝혀라. 어떤 가족은 식탁이 있는 방에 세계지도를 붙여놓는다. 이는 그들이 세계 도처의 사람과 지역을 위해 기도할 때, 지도위에 표시를 해가며 기도한다.[38]

가족의 일들

우리 딸 마리아가 일곱 살이 되었을 때, 그리고 로즈가 다섯 살이 되었을 때, 우리는 그들과 함께, "우리 자신의 지저분한 것들을 정리"하는 것에 대해 이야기를 나눈 적이 있다. 어느 날 아침 식사시간에, 마리아가 씨리얼 박스를 통째로 뒤집어엎었다. 나는 딸에게 괜찮다고 말했지만, 그녀는 여기저기 흩어진 씨리얼을 주워 담았다. 한참 후에, 딸이 내게 "엄마가 씨리얼을 주워 담아야 하는 거 아닌가요?" 라고 말했다. 이에 대해 나는 "왜?"라고 물었다. 그랬더니 딸이 "왜냐하면 엄마가 씨리얼을 샀으니까요!"라고 대답하였다.

우리는 모두 가능한 한 책임을 회피하는 경향을 보인다. 부엌의 여기저기에 흩어져있는 씨리얼을 청소하는 상황에서 부모들은 더욱 더 큰 책임을 느끼며 자녀들을 도울 수 있다. 그러나 부모로서 아이가 쏟은 씨리얼을 직접 청소하기보다 아이가 스스로 직접 일을 처리하도록 가르칠 수 있다. 그들이 비록 어리다 하더라도 얼마든지 집안일에 참여할 수 있다. 그렇게 하는 것이 처음에는 더 많은 시간이 걸리고 더 어렵게 여겨진다해도, 당신은 먼저 아이들이 집안일에 참여하는 것이 얼마나 중요한지 알아야하고, 어떠한 일이 아이들 나이에 알맞은 집안일인지 주의 깊게 결정할 필요가 있다.

5. 집안일을 함께 할 때 기대치를 분명히 하라.

아이들이 집안일을 함께 할 때, 아이들에게 맞는 역할을 계획하라. 아이들이 하기에 적당한 일들이 무엇인지 각 연령별로 정리된 자료들을 찾아보고, 매주 계획을 세울 때 아이들과 함께 미리 이야기하는 시간을 가지라.[39] 아이들이 일에 익숙해지거나 나이가 들면 일이 쉬워지기 때문에 아이들의 성장과 더불어 정기적으로 이러한 목록을 수정하거나 재조정하라.

	월요일	화요일	수요일	목요일	금요일	토요일	일요일
식사준비	로즈	마크	앤	앤	마크	마리아	앤
식탁준비	앤	마리아	로즈	마크	로즈	마크	로즈
빨래	마리아	앤	마리아	로즈	마리아	앤	마크
설거지	마크	로즈	마크	마리아	앤	로즈	마리아

위의 표를 보면 알 수 있듯이 이러한 역할 분담은 자신의 일 뿐만 아니라 누가 무슨 일에 책임을 져야하는지 모두가 분명히 알도록 해준다. 매주 집안 청소를 하며, 과외에 대한 책임, 혹은 가족예배도 분명하게 할 수 있다. 이렇게 하는 것은 모든 일을 함께 나누어 한다는 의미에서 일을 공정하게 하도록 해주며, 일이 제대로 이루어지지 않았을 때나 일을 할 수 없어서 미리 논의할 때에도 많은 도움을 준다.

6. 모든 사람에게 영향을 미치는 주요 관심사에 대해 논의하라.

가족회의에 관한 여러 다양한 아이디어를 정성껏 모아놓은 자료들이 있다.40) 이러한 자료들은 정기적으로 계획된 회의를 갖는 방법과 회의 전에 미리 합의를 이루어야할 규칙들을 다룬다. 예를 들어 그날 함께 나눌 주제들이 무엇인지 목록으로 정리하는 것, 누구나 다 자유롭게 이야기 할 수 있어야 한다는 것, 결정은 모든 사람이 동의해야한다는 것과 같은 것들이다. 당신은 모든 사람이 함께 논의하고 싶어 하는 주제를 적을 큰 도화지를 준비할 수도 있다. 우리 집 부엌에는 칠판이 걸려있는데, 만약 우리가 함께 이야기하고 싶은 내용이 있다면 그곳에 적어 놓는다. 무엇이든 칠판에 토론할 내용이 적혀 있을 때, 저녁 식사를 하며 그 내용에 대해 이야기한다. "방문을 닫아 놓을 것!" "옷은 잘 걸어 놓을 것"과 같은 내용은 가끔 칠판에 적는 주제의 좋은 예들이다.

회의는 식사 중에 자연스럽게 이루어질 수도 있고, 정기 가족 회의로 모일 수도 있다. 모임의 형식이 어떠하든지 아이들이 모임 시작부터 끝까지 함께하도록 하라. 당신이 먼저 이야기를 꺼내도 좋고, 좀 더 흥미로운 내용들을 관심사와 더불어 이야기해

> 우리가 든 손전등은 먼 지역을 비추기 위함이 아니라, 단지 우리가 걸어갈 몇 발 앞을 보기 위함이다. 만약 다음 발자욱을 어디에 두어야 할지 분명히 알 수 있다면, 우리가 할 일은 그 한 발을 내딛는 일이다.에이미 카마이클

도 좋을 것이다. 다음은 맥기니스McGinnis 가족이 나누었던 실제 이야기이다.

"나는 톰과 함께 방을 쓸 수 없어요. 내가 물건을 찾을 때마다 어디로 갔는지 모르겠어요. 톰은 함부로 내 물건에 손대요. 정말 짜증이 나는데, 나는 이 일을… 이 문제를… 가족회의의 주제로 하고 싶어요." 열 살짜리 데이빗은 방을 함께 쓰는 동생 톰에게 한바탕 쏘아댔다. 그리고

데이빗은 무거운 발걸음으로 부엌으로 걸어가 벽에 걸려 있는 칠판에다가 "톰, 지금 당장!"이라고 크게 글씨를 써 놓았다. 이렇게 데이빗은 긴급 가족회의를 소집하였다.[41]

돈 문제

돈과 부는 예수님의 중요한 관심사였음에 틀림없다. 예수님은 하나님나라를 제외한다면 돈과 부의 문제에 대해 가장 많은 말씀을 하셨다. 뿐만 아니라 그는 "너희가 여기 내 형제자매 가운데, 지극히 보잘 것 없는 사람 하나에게 한 것이 곧 내게 한 것이다"라고 말씀하시면서, 우리가 다른 사람들에게 무엇을 베푸는 행위가 예수님께 한 행위라고 하셨다. 더 나아가 "여기 이 사람들 가운데서 지극히 보잘 것 없는 사람 하나에게 하지 않은 것이 곧 내게 하지 않은 것이다"라는 말씀은 우리를 놀라게 한다.[42]

- 60억 인구 중에 20%에 해당하는 사람들이 하루 1,000원의 생활비밖에 없는 극도로 가난한 상황에서 생활한다. 50%의 사람들이 하루 2,000원 미만의 생활비로 살아간다.
- 가장 가난한 사람 20%와 가장 부자인 사람 20% 사이의 수입 격차는 1960년 30배에서 1997년 74배로 늘어났다.
- 부자로 사는 20%의 사람들이 세상의 물질과 서비스의 86%를 누리는 반면, 가난하게 사는 20%의 사람들은 1.3%로 혜택을 거의 받지 못한다.[43]

돈과 평화가 어떤 관련이 있는가? 우선 우리는 돈으로 우리 이웃의 기본적인 건강과 안녕샬롬을 증진하도록 도울 수 있다. 반면, 돈을 더 많이 가지려는 욕망은 우리와 가족들 안에 갈등을 부추길 수 있다.

성서는 이렇게 자기에게 필요한 것 이상의 물질에 대한 책임에 대해 너무나 명확하다. "가난한 사람들은 늘 주변에 있어"라며 예수님의 말씀을 인용하는 사람들은 신명기 15장 11절 말씀을 더 읽어보아야 한다. 이 말씀은 예수님께서 인용하기 좋아하신 말씀이다. "너희가 사는 땅에서 가난한 사람이 없어지지는 않겠지만, 너희는 반드시 손을 뻗어, 너희의 땅에서 사는 가난하고 궁핍한 친족을 도와주어라. 이것은 내가 너희에게 내리는 명령이다." 구약성서의 면제의 해 혹은 희년은 정기적으로 불평등하게 되는 재산을 다시금 분배하도록 하시려는 하나님의 계획이었다.[44]

7. 우리가 가진 모든 것은 하나님께 왔다는 사실을 명확히 하라.

우리는 우리 아이들에게 우리가 가진 모든 것우리의 몸, 재능, 기술, 열정, 수입 등이 하나님에게서 왔다는 사실을 명확히 해야 한다. 우리의 부는 우리 자신만의 것이 아니다. 왜냐하면, 우리가 태어난 경제적 지위나 환경, 가족 그리고 그러한 나라에 속하게 된 것에 대해 아무 한 일이 없기 때문이다. 기본적으로 필요 이상으로 많은 것을 가진 사람들이 기본적인 것이 필요한 우리 주변 사람들에 대해 어떻게 반응하는지 이야기 해보자. 우리가 나눌 때, 우리는 단지 다른 사람에게 은혜를 끼치는 것인가?45)

8. 소비주의를 경계하라

당신의 아이들과 함께 세상에 얼마나 많은 사람이 우리가 사용하는 가전제품이나 장난감을 소유하는지에 대해 알려주라. 단지 다섯 명 혹은 여섯 명 중 한 사람만이 이러한 것을 사용할 뿐이다. 『물질세계』*The Material World*를 통해 다른 나라에서 일반적으로 사용하는 가전제품들이 어떠한지 확인해 보라. 그리고 자녀들에게 자본주의 시장과 가능한 한 많은 사람이 제품을 사도록 만드는 광고의 목표와 우리 가족의 목표가 잘 맞는지 이야기해보라.46)

가게에 전시된 상품들은 갖고 싶은 마음이 들도록 아이들의 눈높이에 놓여진다. 이러한 지침은 아주 어린 아이들의 시선을 자극한다. "'저것 참 좋네. 저것 참 좋아. 나 저거 좋아!' 까지는 좋지만, '나 저것 갖고 싶어. 나 저것 갖고 싶어. 나 저것 갖고 싶어!' 는 좋지 않다. 이러한 것은 어린이들에게 그들이 원하는 것을 좋아해도 된다고 가르친다. 그러나 그들이 좋아하는 모든 것을 소유하려고 해서는 안 된다."47)

> 만족하는 두 가지 비결: 첫 번째 비결은 점점 더 많이 모으는 것이고 또 다른 하나는 덜 욕심 부리는 것이다. G.K. 체스터튼

9. 가족의 소비 성향을 추적하여 기록하라

가족의 소비성향을 추적하려면 가계부를 쓰든지, 컴퓨터 지출 프

로그램을 이용하여 정리하라. 다른 어른들과 함께 연말에 함께 앉아
자신들의 소비 성향을 나누어보라. 우리는 친구들과 함께 우리의 가
치가 무엇인지 나누고, 그들의 배우자나 가족들과 함께 이를 시행해
보도록 하였다. 당신이 어떻게 돈을 사용하는지 나누라. 당신이 그렇
게 하면서 느낀 점과, 변화가 필요한 것은 무엇인지 나누라. 당신의
아이들에게 당신이 기록하는 것을 알게 하고, 왜 이렇게 하는지 알려
주라.

10. "누진 십일조"를 생활화하라.

자녀들과 소속 기관에 등급별 십일조를 드리도록 하며, 자녀들에
게 십일조를 드리도록 격려하라. 로날드 사이더는 『가난한 시대를

2002년 기준 누진 십일조 [49]
4인 가족을 기준으로 할 때, 3,000만원을 버는 가족은 10%를 드릴
수 있을 것이다. 3,360만원을 버는 가족은 360만원을 더 번 것에 대
해 15%를 그리고 3,720만원을 버는 가족은 그 다음 360만원을 번
것에 대해 20%를 4,080만원을 버는 가족은 그 다음 360만원에 대
해 20%를 드릴 수 있을 것이다. 이러한 식으로 매 360만원을 더 벌
때마다 5%씩 누진 십일조를 적용할 때, 4,800만원을 버는 가족의
십일조는 16%에 해당하는 750만원이 될 것이다. 9,480만원을 버는
가족이라면 5,454만원을 생활비로 쓰고 나머지 42%에 해당하는
4,026만원을 누진 십일조로 드리면 된다. 그 이상 버는 사람은 생활
비 외에 모든 것을 누진 십일조로 드리면 된다.

사는 부유한 그리스도인』에서 누진 십일조에 대해 솔직한 토론을 이끌어 냈다.48) 덜 부유하게 사는 사람들과 함께하는 삶을 위해 그의 가족은 수입이 어느 정도 될 때까지 수입의 10%를 다른 사람에게 나누어 주기로 결정했다. 그들은 2002년, 4인 가족 기준의 "극빈 수준"을 2,200만원으로 잡았다.50) 그리고 그들은 그 이상 더 많이 버는 것에 따라 나누어주는 정도를 증가시켜 나갔다. 당신의 자녀들로 하여금 이러한 부분을 누구에게 나누어 줄 것인가 선택하도록 하라. 그리고 자신의 수입과 용돈의 십일조를 따로 떼어 놓도록 격려하라.

행복하고 거룩한 휴일보내기

휴일을 어떻게 보내는가 하는 것은 전체 가정생활의 아주 중요한 부분이다. 성서 전체를 통해 살펴볼 때, 하나님의 백성에게 축제와 연회가 아주 중요한 역할을 하듯이, 한 가족에게 생일, 휴일, 함께하는 여가 활동 및 소풍은 가족 구성원에게 풍부한 추억을 갖게 한다.

이러한 종교적 기념일을 포함한 경축일에 대한 우리의 경험은 부에 대한 성서의 가르침에 우리가 어떻게 반응하는가를 드러내 준다. 예수님께서 사셨던 삶의 모습을 생각해 보자. 예수님의 인생을 한 문장으로 표현하라면, 어떻게 설명할 것인가? 우리 사회가 예수님의 생일인 크리스마스를 축하하는 방식에 대해 생각해 보자. 우리가 듣는 크리스마스의 메시지는 무엇인가? 크리스마스를 위해 당신이 보내는 시간과 돈은 어떻게 사용되는가? 올해, 혹은 내년에 맞게 될 크리스마스에 변화를 주고 싶은 부분이 있다면 어떠한 부분인가?51)

크리스마스 때에 대형 매장을 가지 않는 것이 가장 쉽게 할 수 있는 일이다. 내가 어디를 가든지 거기에 구세군 자선냄비가 있다면 나의 아이들에게 $1을 넣도록 격려한다. 작은 행동에서 크리스마스 시즌에 주시는 예수님의 메시지를 듣도록 하는 것이다.

11. 이미 많이 가진 사람에게 덜 주도록 하라.

모든 가족 구성원을 위해 선물을 사기 보다는 선물 교환을 함으로써 이미 많이 가진 사람에게 선물을 덜 주도록 하라. 물건을 사기보다는 집에서 무엇인가를 만들어서 선물을 하거나, 중고세일 물품, 혹은 쓰지 않는 물건이지만, 다른 사람에게 유용한 물품을 선물로 주도록 제안하는 것도 좋은 방법이다. 혹은 새것을 사서 선물을 하더라도 선물 가격을 제한한다면 모든 가족 구성원이 쉽게 동의할 것이다.

가족 안에서 누가 무엇을 갖고 싶은지 희망 목록을 작성하여 돌려보라. 이렇게 하는 것은 선물을 받는 사람이 선물을 받아 놓고 사용하지 않는 일을 미연에 방지할 수 있으며, 자신이 가진 물건으로 다른 사람의 필요를 채우도록 만들어 줄 것이다. 이 목록을 작성할 때 너무 진지할 필요는 없다. 방문을 예쁘게 장식할 만한 물건이어도 좋고, 좋아할 만한 요리책이어도 좋고, 조종 면허증이 들어있는 장난감 비행기, 혹은 좋아하는 초콜릿이어도 좋다.

그리고 갖고 싶은 물건 목록 대신에 아이들과 함께 주고 싶은 목록을 작성해보는 것도 고려해 보라. 크리스마스를 기다리는 대강절 기간 동안, 가족 구성원 혹은 친구들이 좋아할 만한 특별한 품목들이

어떠한 것들이 있을까 함께 생각해 보고 목록을 적어보도록 도와주
라.52)

12. 갖지 못한 사람들에게 더 많은 것을 주라.

당신이 아주 비싼 선물을 사려했던 돈을 메노나이트 중앙 위원회
Mennonite Central Committee 해비타트 휴머니티Habitat Humanity 헤이
퍼 프로젝트53)와 같은 구호 기관 혹은 지역의 구제기관에 보내도록
하라. 그리고 헤이퍼 프로젝트에 보내고자 기금을 마련했다면, 당신
의 가족이 얼마나 많은 돈을 구제 기금으로 모을 수 있는지 살펴보
고, 가장 어린 아이로 하여금 동물을 선택하도록 하라. 우리 가족은
크리스마스 시즌이면 3대가 함께 모여서 제3세대3개월부터 20세 손자,
손녀들가 모은 돈에 부모와 조부모가 매칭*matching fund - 기금모금 보
조 방식으로 어떤 아이가 모금한 금액에 후원자가 일정 비율로 보조하는 방식. 예를
들어 아이가 1000원을 모금하면, 부모가 2배 혹은 3배를 주겠다고 약정하여 기금을
모은다. 매칭 비율을 미리 정하는 것이 일반적이다:역주해 준다. 우리는 물소와
염소, 몇 마리의 병아리들을 사게 되었다.

13. 창조적 선물을 주라

어린 아이들과 함께 생일, 어버이날 등 가족관련 축일에 그 사람
에 대한 책을 만들어 보라. "할아버지의 취미", "47세 이모의 전
공" 등으로 책이름을 붙여보라. 페이지마다 색칠하고, 설명을 붙
여보라. 아주 어린 아이들의 생일이라면, 여러 가지 생일 재료들

을 모아 하나로 포장해 보라. 아이들이 생일 선물을 하나씩 풀어 보면서 놀랄 것이다. 아이들이 좋아하는 선물로는 우체국 놀이를 위한 재료들포스트잇, 영수장부, 메모장, 색연필 등, 병원 놀이를 위한 재료들반창고, 붕대, 밴드, 환자 등록부, 이름표 등, 혹은 빵집 놀이를 위한 재료들집에서 만든 놀이찰흙, 쿠키 도구, 작은 접시 등을 선물에 포함시키는 것도 좋을 것이다.[54]

봉사를 몸에 익히기

우리가 사는 나라들의 불공평한 모습들을 들여다보면, 이러한 불공평한 모습들을 대변하고 평화를 이룰 수많은 기회가 있다. 평화를 이루려는 우리의 반응은 단순히 어떤 기관들에 돈을 보내는 차원을 넘어선다. 그리고 우리가 무엇인가 주는 동안, 우리가 배우는 사람의 처지에 설 수만 있다면 더욱 엄청난 것을 얻을 수 있다.

14. 당신의 가족을 넘어 물리적 필요에 도움을 주라

십대들과 그 부모들은 메노나이트 재난 봉사단과 함께 일할 수 있다. 당신이 사는 지역의 적십자는 가족과 함께 봉사할 수 있는 프로그램들을 제공할 것이다. 만약 그곳에 지부가 있다면, 가장 나이가 많은 자녀를 데리고 해비타트 휴머니티Habitat for Humanity의 건축 현장에서 집짓기를 도우러 가보라.[55] 이러한 활동은 도움을 받지 못하는 사람들과 당신의 아이들을 직접 연결시켜 줄 것이다. 지역 활동을 지원하고 격려하도록, 지역의 노숙자 숙소에 가져갈 음식을 만들거나, 그 음식을 들고 저녁식사 현장에 가서 음식을 나누어 보라.

아직 태어나지 않은 생명의 존엄성을 느끼려면, 도움을 받지 못해 홀로 고립될 수밖에 없는, 원하지 않는 아이를 임신한 소녀들과 여자들을 돕도록 해보라. 재정적으로 관계적으로 당신이 사는 지역에 있는 가능한 프로그램들과 연결해 보라. 아이들을 돌보는 양육 부모foster parenting가 되거나 자녀 입양을 심각하게 고려해 보라. 이러한 것은 태어날 때 그들이 마땅히 누려야할 가족의 축복을 누리지 못한 아이들에게 가정을 제공하는 행위이다.

15. 다른 사람들을 변호하라

메노나이트 중앙 위원회MCC는 가난, 군사비용, 세계의 특정지역이 가진 많은 주제에 대한 정보를 나누도록 편지 쓰기 캠페인을 벌인다. 또한 수많은 교육 자료를 보유하고 있다. 미국퀘이커봉사위원회American Friends Service Committee와 국법관련퀘이커위원회Friends Committee on National Legislation는 다른 많은 프로그램과 자료들을 제공한다.56)

약자들과 그들의 문화

북미는 이민자들로 이루어진 대륙이다. 북미에 사는 사람들 대부분의 조상이 이민자들이었다. 자녀들이 이러한 역사적 사실이 갖는 측면들을 조사하고 알아가는 것은 중요하다. 조상들이 땅을 정복하거나 정착하고자 북미에 도착하였을 때가 언제인지 살펴보게 하라.

그들은 지역 원주민들을 쫓아내고 불공평한 조약을 만듦으로 엄청난 이득을 챙겼다. 그리스도인 평화 건설자 팀Christian Peacemaker Teams은 이러한 조약과 권리들을 인정받도록 투쟁하는 캐나다 및 미국의 원주민 그룹들과 함께 일하고 있다.57)

대부분의 흑인 미국인의 조상들에 관한 야비한 역사는 그들이 노예 신분으로 어떻게 북미의 해변에 도착하였는지 들려줄 것이다. 그들에게 자유 이민에 대한 이야기는 거의 이례적이다. 우리는 그들이 지난 300년 동안 얼마나 비인간적 처우를 받았는지 그 영향이 어떻게 미치는지 거의 알지 못한다. 다만 우리가 아는 흑인의 역사란 지난 몇 세기 동안의 시민권을 위한 투쟁과 상처를 치유받고자 그들이 기울인 턱없이 부족한 노력에 대한 사실 뿐이다.

노인들과 장애인들 또한 사회의 약자들로 처우 받곤 한다. 당신의 집에 다양한 사람과 다양한 문화를 담은 책과 잡지들을 구비하라. 자녀들이 세상에 다양한 사람이 있다는 것을 긍정적으로 보면 볼수록, 그들은 다양성이 존재하는 세상을 더욱 더 편안하게 느낄 것이다.58)

16. 다른 사람들과 존재하는 간격을 가깝게 하라

지역적인 연결고리를 넓히고 이해력을 폭넓게 하는 데는 다양한 방법이 있다. 다른 문화를 체험하고 배울 수 있는 상점, 음식점에 가보고, 다양한 행사에 참가해 보라. 당신의 자녀들에게 배경이 전혀 다른 출신의 친구들을 집에 초대하도록 격려하라. 다른 교단 및 문화적 배경을 가진 교회들을 방문해 보라. 지역에서 열리는 감사절 및 축제에 참가해 보라. 여러 인종으로 구성된 합창단에서 노래를 불러 보라. 비극적 사건을 추모하는 집회에 참석해 보라. 가족, 주일학교 그룹, 혹은 교회의 소그룹으로 다른 나라에서 온 사람들 혹은 가정들을 초청해 보라. 우정을 지속적으로 이어간다는 것은 거의 계획한 것이 아니거나 선물로 주어진다. 더더구나 상호 문화 체험은 쉽지 않기에, 만약 당신이 불편을 감수하지 않는다면 거의 일어나지 않을지도 모른다.

17. 대안적 역사관에 대해 조사해보라

학교의 역사교과서는 북미의 원주민, 흑인, 신규 이민자 및 제2차 세계 대전 동안 미수용소에 갇혔던 일본 사람들 같은 전쟁 포로 등에 대한 슬픈 역사에 대해 공정하지 못하다. 거래는 거주민으로서 기본적인 혜택을 누리지 못하고예를 들어 1800년대 철로 건설을 위해 미국에 왔던 중국인들과 농장 일을 했던 멕시코 사람들 미국에서 일하도록 부추겼다.59)

우리는 국가들이 정의롭지 못한 방법으로 사람들을 처우한 여러 가지 방식들을 자백하도록 해야 한다. 지역에 와 있는 외국인 노동자와 그들의 역사에 대해 배우거나, 사는 지역의 원주민 역사에 대해 배우라. 엄청난 부를 창출했음에도, 노동의 대가를 받지 못한 채로 오랜 세월을 살아온 미국의 흑인 역사에 대해 배우라.

이러한 책들은 대부분 학교의 교육과정이 제대로 설명하지 않는 유색인들과 여성들의 전기나 역사적 자료들을 제공한다. 이러한 전기나 역사적 자료들은 전쟁, 세계의 주요 권력, 정치적 리더들을 나

열하는 것 이상의 역사를 볼 수 있는 방법들을 소개한다.[60]

18. 백인들이 누리는 특권과 인종차별에 대해 토론하라

아이들과 함께 백인들이 누리는 특권에 대해 이야기해 보라. 원주민, 흑인, 혹은 아일랜드인들처럼 다른 방식으로 처우를 받았던 사람들에 대해 이야기를 나눈 후에 백인들이 누리는 특권에 대해 이야기를 나눈다면 더 좋을 것이다. 개인적 편견과 제도적 인종차별 간에 존재하는 차이를 구분해 보고 제도적 권력에 대해 토론해 보라. 교회나 사회 기관 혹은 개인적으로 이러한 일을 겪었거나 보았다면 그 상황을 함께 나누어 보라. 만약 구체적인 예를 들을 수 없다면, 이러한 일을 겪었던 사람들과 접촉해 보라. 이러한 태도를 취하지 않는 것은 사회에 존재하는 인종차별을 도전하지 못하는 일이다. 당신의 가족이 인종차별을 반대하는 방법에 대해 공식적으로 토론해 보라. 이러한 문제에 더 민감하게 반응하고 포용하는 당신의 모습을 보면 볼수록, 당신의 자녀는 세상에 존재하는 다양성을 더욱 더 존중할 것이다.[61] 모든 사람은 내면화된 억압을 밖으로 표출해 낼 필요가 있다.[62]

19. 약자를 향한 예수님의 행동을 우리시대의 상황과 연결하라

가난한 사람, 병든 사람, 이방인, 여인들에 대한 바리새인들의 오만방자한 태도는 우리 시대의 이민자, 가난한 사람, 노인, 병든 사람 및 여인들에 대한 지위가 어떠한지 되돌아보게 한다. 사회에서 제대로 대우받지 못하는 사람에 대해 우리는 어떠한 가치를 두는가? 양로원에 사는 노인들, 특히 가까이에 가족이나 친구가 없는 노인들은 가장 외롭게 사는 사람들이다. 단순히 여러 활동에 참가하도록 휠체어를 밀어드리는 일 등, 이들과 함께 시간을 보내도록 준비된 자원봉사의 기회는 얼마든지 많다.

한 십대 소녀가 자기 교회에 출석하는 한 남자가 노숙자라는 것을 발견했을 때, 그녀는 그를 주일학교에 초대하도록 주일학교 교사와 오랜 기간 동안 씨름을 했다. 다음 주 일요일이 그의 생일이라는 사실을 안 그 소녀는 그가 참여하는 급식 프로그램이나 몇 가지 재활 프로그램에 제시간에 도착하도록 돕고자, 그를 위해 시계를 샀고 버스카드와 그가 좋아하는 식당의 식권을 준비했다. 그녀는 이러한 내용을 주일학교 교사에게 이야기 했고, 이러한 선물을 주려고 함께 그 남자를 방문했다. 주일학교 교사는 아주 많은 사람이 다른 방식으로 보기때문에 그냥 그를 아는 체하고 인사만 건네는 것이 그가 취할 수 있는 최선의 방법 중 하나일 것이라고 말했다. 집에 돌아온 그녀는 "나는 그의 상황에 대해 아무것도 할 수 없다는 사실을 압니다. 나는 그를 위해 직업을 찾아줄 수도 없고, 나는 그가 살 수 있는 집을 마련해 줄 수도 없습니다. 그러나 나는 그를 위해 기도할 수는 있지요"라고 자신의 생각을 표현했다.

놀이시간, 장난감, 그리고 게임들

실제 삶에서 탱크와 총기를 사용하는 것을 보지 못한 부모들은 자녀들을 위해 이러한 장난감을 원하지 않을 것이다. 총기류, 군인들, 비디오 및 컴퓨터 게임에 사용되는 이러한 전쟁놀이들은 사람들을 불구로 만드는 싸움, 폭력에 아이들의 시선을 고정시키도록 만든다.63)

그러나 많은 부모에게 어떻게 이러한 전쟁놀이에 반응해야하는지 마땅한 해결책이 없다. "물론이죠. 우리 집에 있는 물건은 언제라도 총이 될 수 있죠. 하다못해 바나나도 총으로 변할 수 있다니까요!"라며 목소리를 높이는 부모도 있다.

어린이들에게 놀이는 일이다. 놀이는 그들의 세상이며 그들에게 의미를 가져다주는 삶이다. 부모들은 아이들의 어떤 행동들에 대해서는 금지령을 내리지만, 그들이 애타게 요청할 때 어떤 행위에 대해서는 비록 폭력적이라도 인정하는 모습을 보이곤 한다.

20. 어린이들은 그들이 보는 것을 모방한다는 사실을 기억하라

어린이극의 '대본'에 있다는 이유로 쏟아져나오는 수많은 장난감들은 텔레비전과 영화의 파생상품이다. 따라서 부모들이 이러한 장난감을 받아들일 것인가 말 것인가를 잘 분변해야 한다. 텔레비전에 관한 내용은 다음 장에서 더 상세하게 언급할 것이다. 낸시 칼슨-페이지Nancy Carlssson-Paige와 다이앤 레빈Diane Levin은 『누가 총성을 부르는가? 전쟁 게임과 장난감에 열광하는 어린이들에게 효과적으로 반응하는 방법』Who's Calling the Shots?에서 어린이들의 자유 시간을 위한 활동에 대해 다음과 같이 기록한다.

수많은 아이디어는 아이들 자신에게서 나온 생각도 아니
며, 아이들의 필요를 충족시키려는 표현으로 나온 것도
아니다… 이러한 생각들은 텔레비전 프로그램들과 장난
감, 더욱 더 정확하게 표현하자면, 이러한 것을 만들고
팔고자 하는 사람들에게서 나온 것이다.64)

이 저자들은 놀이와 모방을 대조한 삐아제Piaget의 업적에 대해
언급하였다. 간단하게 요약하자면, 모방이 반복적이며 한정된 마켓
담장자의 대본인 반면, 놀이는 각각의 어린이들이 성장해가는 정도
에 맞게 극적이고, 건설적이고, 정교하고, 창조적인 어린이 자신들이
갖고 있는 대본이다.

부모들은 자녀들이 어떻게 노는지 그 어느 때보다 더 경각심을 가
져야 하며, 건설적 제안과 타당한 질문들을 통해 아이들의 놀이에 기
꺼이 간섭할 수 있어야 한다.

자녀들의 놀이 세계에 대한 감각을 유지하도록 삶의 상황들에 다
양한 반응을 시도함으로 아이들과 함께 해야 한다. 그들이 폭력적 반
응에 집중할 때, 아이들은 배울 수 있는 선택사항들을 상당히 제한한
다. 미국 메노나이트 교회의 평화 옹호자인 수잔 마크 랜디스Susan
Mark Landis는 "놀이 문제를 폭력적으로 해결하는 것은 선택사항이
되지 못한다고 어린이들에게 말해준다면, 그들은 다른 선택사항을
찾을 것이며, 그렇게 되면 더욱 더 다양하고 폭넓은 반응을 보일 것

이다. 놀이라고 할지라도 아이들이 도둑질하고, 강간하는 모습을 보일 때 우리는 그냥 지나치지 않는다. 그러면서 어떻게 죽이는 것은 그냥 내버려 두는가?"라고 주장하였다.

21. 창조적으로 간섭하라

한번은 아이들이 공원에서 이웃 아이들과 자신들을 공포에 몰아넣었던 "나쁜 놈 죽이기"라는 게임을 할 때였다. 나는 나쁜 놈들이 누구인지 어떻게 알 수 있는지 그들에게 말해주었다. 나쁜 놈들은 누군가가 노래를 부를 때, 잠이 들어버린다고 말해 주었다. 잠시 후, 나는 나쁜 놈들에게 몰래 다가가서 그들을 잡은 이야기를 들려주면서 그들이 잠잘 수 있게 자장가를 불러주었다.

낸시 칼슨-페이지Nancy Carlssson-Paige와 다이앤 레빈Diane Levin은 싸울 때에만 사용할 수 있는 장난감을 사용하는 새로운 방법에 대해 몇 가지 좋은 아이디어를 제공해 주었다. "당신의 아이가 우주 정복자인 히-맨He-Man과 놀 때, '이런, 히-맨을 너무 많이 사용했군. 그는 너무 더러워. 아마도 네가 목욕이라도 시켜주어야 할 것 같은데' 라고 말하는 것이 아이가 노는 데 새로운 차원을 더해줄 수 있다."65) 아이들이 다루는 상황에 대해 아이에게 말하라. "그 나쁜 놈의 이름이 뭔데?" "네가 생각하기에 그 이름을 가진 아이들이 있니?" "하나님은 그 나쁜 놈들을 어떻게 하실까?" "우리가 나쁜 일을 했을 때, 하나님은 우리를 어떻게 하시지?"

22. 폭력적 게임과 장난감을 대신할 흥미로운 대안을 찾으라

어린 아이들에게, 불을 끄려고 애쓰는 소방관이나 홍수가 나서 이를 복구하려는 사람들의 노력을 보여주는 시나리오를 연기하도록 해보라. 그리고 괴물이나 용을 잡으려는 모습을 연기하도록 해보라. 가능하다면 소방관 외에 다른 사람들에게 "도움을 주는 영웅들"을 찾아보도록 격려하라. 아이들에게 삽, 양동이, 혹은 정원용 도구들을 주고 흙이나 모래를 파서 필요한 곳으로 옮겨보도록 하라. 가능하다면 도로나 통로를 파는 동안 안전모를 쓰게 하라. 나이 든 아이들은 목재를 가지고 작은 배나 창고를 만들 수 있을 것이다.

아이들은 손전등을 사용해서 지하실이나 옷장 등 어두운 곳에서 뭔가를 찾아내기를 좋아한다. 이러한 일은 아이들에게 뛰고 소리 지르는 모습을 보이게 한다. 날씨가 따뜻하다면, 물을 뿜어내는 동물 모양의 장난감들이나 세제 병에 물을 넣어 목표물에 쏘아대는 놀이를 해도 좋을 것이다. 수영복을 입고 물장난을 하며 함께 흠뻑 젖어보는 것도 좋을 것이다.66)

23. 폭력을 사용하지 않고 선으로 악을 이긴 내용의 책을 제공하라

노는 것 외에, 실제 생활 속에서 다른 반응을 배우는 방법은 책을 통해서 가능하다. 널리 알려진 옛날이야기나 민화에 나오는 주인공들은 그들의 목적을 달성하고자 어마어마한 장애물을 극복한다. 이러한 이야기들은 어린이들의 상상력을 자극하고, 어린이들은 자기

방의 편안한 소파를 떠나지 않고서도 이러한 이야기를 통해 자신의 모습을 볼 수 있다. *Tatterhood and Other Tales*와 같은 책은 남자나 여자아이 상관없이 읽을 수 있는 모험이야기로 용기 있고 적극적인 소녀들의 영웅이 어떤 모습인지 보여주는 책이다.67)

수많은 이야기책과 어린이 책 속에는 질문할 여지도 없이 폭력을 자연스럽게 묘사한다. C.S. 루이스의 나니아 연대기, 톨키엔Tolkien의 반지의 제왕, 브라이언 잭Brian Jacques의 레드월 시리즈 및 해리 포터와 같은 책들은 악을 이기도록 폭력을 묘사한다. 우리가 좋아하는 대홍수, 출애굽, 약속의 땅 정복, 삼손 이야기 등 성서의 이야기들 또한 엄청난 폭력의 내용을 담고 있다. 이러한 이야기를 성서에서 제거하는 것은 불가능하다. 그러면 우리는 아이들과 함께 책 속에 나오는 폭력과 성서에 기록된 폭력에 대해 말해야 한다. 우리는 이스라엘 사람들이 자신의 군사적 능력을 의지하는 것이 아니라, 어떻게 하나님께서 하나님을 의지하기 원하셨는지에 대해 대화해야 한다. 기드온이 싸움을 준비하는 이야기와 여리고를 차지한 이야기 그리고 다른 이야기들을 통해 하나님을 의지하는 모습에 대해 대화해야 한다.68) 우리는 하나님께서 원하시는 사람들의 모습이 무엇인지 가장 가까운 예로서 다른 사람들을 죽이는 것보다 죽임을 당하는 일을 선택하셨던 예수님의 삶의 모습에 대해 대화해야 한다.

24. 전통적인 성에 대한 잘못된 예측들에 대해 도전하라

유치원에 다니는 사무엘이 엄마에게 자기 머리가 너무 길어서 여자처럼 보인다면서 머리를 깎아달라고 졸랐다. 세 살짜리 동생인 야곱은 "나는 여자아이들처럼 머리를 기를 거야"하며 목소리를 높였다. 야곱은 딸아이의 머리핀을 좋아하고 손톱에 색칠하는 것을 좋아한다.

아이들이 학교에 들어가게 되었을 때, 대부분의 아이들은 자기가 남자인지 여자인지에 대해 민감하게 반응한다. 낸시 칼슨-페이지와 다이앤 레빈은 "요즈음 장난감과 놀이 문화는 그 어느 때보다도 더 심각하게 남녀를 구분해놓는다. 그러나 아이들 놀이는 더욱 더 융통성 있어 남녀 아이들이 함께 놀 여지가 충분히 있어야 한다"고 말한다.69)

디즈니 이야기에 나오는 공주들을 바라보고 사랑에 빠졌던, 내 딸 자스민의 놀이책 대본은 아이들을 오히려 더 혼돈스럽게 한다. 그녀는 함께 놀던 남자아이에게 자기 코트를 가져오라고 시켰고, 코트를 가져오자 자기가 추운지 춥지 않은지 물어보라고 요구했다. 수많은 이야기와 만화영화에서 여성을 나약한 대상으로 묘사하여 동정을 느끼게 만드는 의존적이며, 가망이 없으며, 예절 바른 모습이 여성적인 것처럼 보이게 만든다.

어린 아이들이 디즈니 영화나 바비 인형을 멀리하도록 하는 것은 한 가지 방법이 될 수 있다. 백설공주와 잠자는 숲속의 미녀는 삶의 가망이 없던 모습에서 영웅이자 구원자인 왕자에 의해 구출되는 이야기이다. 이러한 이야기들은 영화에 너무나 자주 등장하는 여성의 이미지로, 어느 날 갑자기 결혼을 통해 팔자가 고쳐지는 이야기들이다.70) 바비 인형뿐만 아니라 만화영화 속의 여성들 또한 이 세상에 속하지 않는 것 같은 멋진 몸매와 머릿결, 얼굴 모양 및 모습을 한다. 한 친구가 자신의 경험을 이야기해 주었다.

> 로지의 아이를 돌보는 베이비시터가 바비 인형을 딸에게 선물했다. 딸아이가 첫 번째로 받은 선물이었다. 우리는 말릴 이유가 없었다. 그런데 딸아이에게는 벌써 바비 인형이 세 개나 되었다. 나는 뭔가 영향력을 줄여야 했다. 그래서 "바비 인형은 너무 괴상망측하게 보여. 다리와 목은 너무나 길고, 허리는 완전히 개미허리 같아"라고 말했다. 로지는 "엄마, 엄마는 바비 인형을 보고 놀려서는 안 돼요. 걔는 정말 다리가 얼마나 긴지 몰라요."

또 다른 방법은 가능한 수많은 대안이 되는 장난감, 이야기 및 영화를 제공하는 방법이다. 강하고, 독립적이고, 똑똑한 여자아이들에 대한 책은 얼마든지 있고, 강인한 공주로 말미암아 왕자들이 힘을 얻는 이야기들도 많다. 당신의 아들이 이러한 문제에 민감하고 건강한 관점을 갖도록 돕는 책들을 찾아보라. 그리고 이러한 책들을 자녀들과 함께 읽고 생각을 나누라.71)

당신이 아는 여성들이 어떻게 자신의 기술들을 삶에 적용하며 사는지 토론하라. 특이한 직업을 가진 남자와 여자들은 매일 어떠한 모습으로 살아가는지 이야기해 보라. 전통적이며 사회적으로 별 볼일

없는 생활 방식이 아닌 자신의 가족을 잘 돌보는 사람들을 후원하라.

아이들의 놀이는 대개 그들이 본 것을 통해 이루어지기 때문에, 틀에 박힌 역할이 아닌 모습을 보여주는 것은 아이들이 놀이를 더 유연하게 해주는 효과적인 방법이 될 것이다. 짐Jim과 캐스린 맥기니스Kathleen McGinnis가 아이들을 위해 보인 감동적인 역할 모델을 살펴보자.

> 어떤 아버지는 자신의 감정에 솔직하고, 아이들에게 뽀뽀해주고, 안아주고, 아이들의 감정을 잘 들어주고, 아주 어렸을 때부터 그들의 필요를 잘 돌보아주고, 부엌에서 일하며, 시와 음악과 예술에도 관심이 많다. … 그리고 어떤 어머니는 자신의 지적 호기심을 따라 하고 싶은 일을 하고, 자신의 의견을 분명히 표현하고, 못을 박거나 주유를 하거나 궂은일을 하는 데 남자에게 의존하지 않고, 자신이 관심 있는 스포츠에 직접 참여한다.[72]

텔레비전, 영화 그리고 비디오

통계는 자못 심각하다. 텔레비전을 보는 것은 아이들의 학습능력, 움직이기 싫어하고 오래 앉아있는 생활방식, 어린이 비만, 가족에게 서로 영향을 미치지 못하는 삶과 직접적인 상관관계를 가진다. 그리고 텔레비전을 보는 것은 폭력적인 연기를 계속 반복해서 보도록 만든다.

현재 사회에서 일어나는 폭력과 미디어의 폭력이 어떻게 연관되는지에 대한 자료는 담배와 암이 어떻게 연관되는지에 대한 자료들보다 훨씬 더 설득력 있다. 매체를 통한 폭력의 영향에 관련된 3,500개 이상의 연구자료 중 99%가 실제 생활의 폭력과 미디어의 폭력이 연관된다고 보고한다.[73]

여러 채널을 통해 볼 수 있는 가장 쾌활한 방송은, 당신이 설탕이 든 음식을 먹지 않거나 제대로 된 신발을 신지 않으면 당신이 뭔가 잘못된 인생을 사는 듯한 메시지를 담은 광고가 실린 22분 시트콤이나 만화영화로, 인생의 모든 문제를 즉시 풀어줄 것 같은 느낌을 갖게 합니다. 당신의 아이들이 보게 될 채널 중 최악의 방송에 대해 언급한 텔레비전 해설자의 말을 들어보자. "우리 방송사가 만드는 유일한 폭력물이 있다면 뉴욕경찰들의 활약상을 그린 NYPD Blue뿐입니다. 이 방송이 유해한 것은 솔직히 인정합니다. 그러나 그것은 단지 1주 1회 방송에 불과하지요." 나는 그 텔레비전 해설자가 "네, 저는 아이들 앞에서 아내를 일주일에 한번밖에 두드려 패지 않거든요"라는 말을 듣는다면, 그 느낌이 어떨지 궁금해졌다.[74]

폭력적 행동의 증가뿐만 아니라, 성적인 의미의 대사가 한 시간에 얼마나 자주 등장하는지에 대한 조사는 1989년 대비 1999년에 3배가 늘었다고 보고하였다.[75] 성교육을 담당하는 교육가이자 작가인 드보라 로프만Deborah Roffman의 말이다. "영화와 텔레비전에서 성은 비인간적이고 품위를 떨어뜨리는 모습으로 그려진다. 참된 성의 의미는 파괴된 것이다. 이러한 미디어가 거듭 반복해서 주는 메시지는 성이 하나의 오락이라는 것이다."[76]

실제로 미디어 전문가와 광고주들은 우리의 감정이 우리가 보는 것에 집중되며, 우리의 기억력을 부추기며, 결국 우리의 행동을 촉발시킨다는 사실을 너무나 잘 안다. 그들은 소위 쇼에서 시청자들에게 충격을 주는 "JPSJolt Per Show 요소"에 대해 이야기한다. 텔레비전과 비디오 게임은 사람들이 차분하게 생각하거나 명확하게 생각하도록 돕기보다는 충격을 주는 쪽으로 방향을 잡는다.[77] 나 또한 이러한 JPS 요소에 반응을 보인다. 다섯 살짜리 내 딸이 잘 보던 교육방송에서 다른 곳으로 채널을 옮길 때, 순간순간 보이는 빠르고도 엄청난 영향력을 과시하는 쇼와 광고에 빨려 들어가곤 한다. 어린이들은 무엇을 보아야 하는지 한계를 정해주는 부모를 필요로 한다. 그리고 함께 텔레비전을 보면서 "자, 지금 우리가 본 내용이 무엇을 말하는지 함께 이야기해보자"고 기꺼이 말해줄 수 있는 부모가 필요하다.

25. 당신의 자녀가 보는 프로그램들과 즐기는 게임들에 관심을 집중하라

아이들이 보는 폭력적이고 선정적인 텔레비전 프로그램 및 게임들에 시간을 쏟지 않도록 제한하는 것은 평화를 가르치는 가장 중요한 단계 중 하나이다. 비디오를 보거나 컴퓨터 게임을 하는 시간은 텔레비전을 보는 시간이 증가하는 방식과 똑같이 증가한다.78) 각 가족은 아이들이 미디어를 사용하는 시간을 적절히 조절하는 지침을 마련해야 하며, 정기적으로 그 지침이 잘 지켜지는지 확인해야 한다. 미국 아동학회는 아무리 좋은 프로그램이라 할지라도 2세 미만의 아이들에게는 절대 텔레비전과 비디오를 보여주지 말며, 조금 나이든 아이들에게라도 1일 1시간에서 2시간 이상 텔레비전과 비디오를 시청하지 말게 할 것을 추천한다.79)

매일 혹은 매주 몇 시간 텔레비전을 볼 것인가 결정하라. 무슨 비디오, 무슨 프

2000년 기준, 미국의 가정에서 텔레비전이 켜져 있는 시간은 1일 평균 7시간 40분이었다. 1998년 그중 2세에서 17세 어린이들이 시청하는 시간은 1주일에 20시간이었고, 모든 사람이 평균 1주일에 26시간을 시청한 것으로 나타났다.80) 1주일에 10시간 이상 텔레비전을 시청하는 것은 아이들의 학업능력에 부정적 영향을 미치는 것으로 나타났다.81) 미국 아이들은 1년에 20,000개의 상업 광고를 보고,82) 18세에 이르기까지 평균 200,000개 이상의 폭력 장면을 본다.83)

1999년 캐나다의 아이들은 1주에 16시간 텔레비전을 보는 것으로 조사되었으며, 1998년 캐나다 전체 평균 텔레비전 시청 시간은 22시간으로 조사되었다. 이것은 1986년 이래로 극장에서 영화를 관람하는 시간이 늘어나면서 줄어든 것이다. 1998년 십대들은 평균 5시간을 비디오 게임을 하는 데 사용하며, 현재는 온라인을 통해 미국의 통계수치를 넘어설 정도로 엄청난 시간을 보내고 있다.84)

로그램, 무슨 영화를 볼 것인가 미리 정하라. 미디어 관련 기관, 가족 영화를 위한 웹사이트, 텔레비전 방영 및 심사기준, 추천할 만한 컴퓨터 게임 등을 미리 조사하라.[85]

비디오를 보기로 선택하였다면 아이들과 함께 보고 가능하면 본 영화에 대해 토론하라. 미국 아동학회는 영화에서 본 폭력이 실제 생활에서 발생한다면 어떻게 반응할지 아이들에게 물어보도록 제안한다. 어떤 사람은 꼭 감옥에 가거나 죽어야 하는가? 어떤 사람은 그렇게 슬픈 인생을 살아야 하는가? 그러한 폭력이 문제를 해결하는가? 아니면 더한 폭력을 낳는가?[86]

26. 당신의 교회나 학교에서 텔레비전을 보지 않는 주간을 정하도록 후원자를 구하라

텔레비전 네트워크는 당신의 가족이 텔레비전 사용을 억제하도록 도와주는 생각들과 텔레비전 시청에 관한 많은 정보들을 갖고 있다. 위에 기록된 텔레비전 끄는 요령을 참고하라.87) 학부모 모임이나 교회의 교육부서와 함께 텔레비전 끄기 운동을 펼쳐보라. 텔레비전을 안보는 대신 작은 음악회, 이야기의 밤, 혹은 함께 어울리는 프로그램을 제안해보라. 특별히 텔레비전을 끄기로 한 그 주간에 아이들이 즐길만한 프로그램으로 피자 쿠폰이나 기증받은 책을 선물로 마련하여 참여를 장려하라.

비폭력에 대한 가족 서약

비록 짧지만, 이 성명서는 당신의 아이들에게 이 책이 말하는 샬롬 생활방식을 실천하도록 하기 위한 한 가지 방식이다.88)

27. 아이들에게 당신 가족의 등급을 매기도록 해보라

서약서를 만들기 전에서약서를 만들었다면 정기적으로가족의 장점과 약점에 대해 평가의 시간을 가지라. 아주 단순한 연습이지만, 당신 가족이 더욱 평화로운 가족이 되도록 안내할 특별한 방법들에 대해 토론하도록 도움을 줄 것이다. http://peace.mennolink.org/ teachpeace

28. 비폭력에 대한 가족 서약서를 만들라

『평화의 서클을 창조하는 가족들: 비폭력에 서약하는 삶을 위한 안내서』*Families Creating Circles of Peace: A Guide for Living the Pledge of Nonviolence*라는 소책자는 가족이 비폭력에 서약할 수 있는 여러 가

지 아이디어를 제공한다. 이 책은 여러 가지 이야기, 제안 내용, 활동을 통해 사람들이 매일의 삶 속에서 평화롭게 살아가도록 다양한 자료를 담고 있다. 『평화의 서클을 창조하는 아이들』*Kids Creating Circles of Peace*은 이와 함께 사용할 수 있는 책이다. 당신 가족을 위해 스스로 서약서를 작성하는 것도 대안이 될 수 있다.[89]

토론을 위한 질문

1. 샬롬의 생활방식을 위한 제안들 중에 당신 가족에 도움이 될 만한 것들은 어떤 것들인가? 주어진 그룹과 함께 당신의 경험을 나누라. 어떤 제안을 실천에 옮기고 싶은가? 그 이유는 무엇인가?

2. 당신은 어떻게 예배와 당신의 가정생활을 의미 있게 통합했는가?

3. 가족으로서 당신의 평화에 대한 믿음을 실천하도록 다른 사람들을 변호하거나 함께 할 수 있는 방법은 무엇인가?

4. 당신과 아이들은 다른 인종적 배경을 가진 사람들과 시간을 함께 하는가? 그렇지 않다면, 그런 기회를 갖도록 무엇을 할 수 있는가?

5. 당신의 아이들이 노는 방식 중 당신을 불편하게 하는 것은 없는가? 텔레비전이나 비디오시청을 위한 지침과 컴퓨터 게임을 위한 지침은 있는가? 그렇다면 그러한 지침이 가정에서 잘 시행되는가?

6. 당신 가족이 텔레비전을 보지 않거나 제한할 때, 텔레비전이나 영화를 많이 본 아이들의 대화에 당신의 아이들이 참여하기 힘들 것이다. 아이들에게 당신의 선택이 괜찮은 결정이고 올바른 결정임을 확실하게 도와줄 방법에는 어떠한 것들이 있는가?

비폭력에 대한 가족 서약서

평화 건설은 우리 자신과 가족 안에서 시작되어야 합니다. 가족 구성원인 우리 각자는 하나님이 사랑하시는 _____ 가족의 구성원으로써 자신을 비폭력과 평화의 사람이 되도록 헌신할 것을 약속합니다.

우리는 자신과 다른 사람들을 존중한다.

우리는 자신을 존중하며, 다른 사람들을 존중하고, 무책임한 비판과 공격적인 말을 삼가하며, 물리적 공격과 자기 파괴적 행동을 피한다.

우리는 더욱 더 나은 방식으로 소통한다.

나의 느낌과 감정을 정직하게 나누며, 안전한 방식으로 분노를 표출하며, 평화롭게 문제를 해결하도록 한다.

경청한다.

서로의 의견, 특히 자신의 의견에 동의하지 않는 사람의 의견을 주의 깊게 듣고, 내 방식을 고집하기 보다는 다른 사람들의 감정과 필요를 주의 깊게 생각한다.

용서한다.

내가 다른 사람에게 상처를 주었을 때, 사과하고 이를 고치며, 다른 사람들을 용서하고 원한을 품지 않는다.

자연을 존중한다.

가축, 애완동물을 포함한 모든 생물과 환경을 돌보며 존중하는 마음을 갖는다.

창조적으로 논다.

우리 가족의 가치에 알맞은 놀이와 장난감을 선택하며, 흥미와 재미 위주의 폭력적인 오락은 삼간다.

용기를 가진다.

가정, 학교, 일터 혹은 지역사회 어디서든지 우리가 만나는 어떤 폭력에 대하여 과감하게 도전하며, 불공평하게 대우받는 사람들과 함께 설수 있는 용기를 갖는다.

이것은 우리의 서약입니다. 이것은 우리의 목표입니다. 우리는 우리가 서약한 내용을 앞으로 1년 동안 매달 _____일에 함께 모여 점검함으로써 더욱 더 평화로운 사람들이 되도록 서로에게 도움을 주기로 서약합니다.

서명인 ________________ ________________

________________ ________________

"폭력 제거, 한 가정씩, 우리부터 시작하자"

샬롬과 더불어 살기: 지구촌에서

우리는 모든 것이 다른 사람들과 관련되어 있다는 사실을
진실로 배우게 될 때, 한 몸을 이루는 지체가 될 것이다.헬렌
켈러 90)

우리가 관심을 쏟는 우리 주변의 세상에는 배울 것이 너무나 많
다. 우리 주변에서 너무나도 정의롭지 못하고 평화롭지 못한 상황이
발생할 때, 자연스럽게 우리는 이러한 내용을 아이들에게 이야기할
것이다. 세상의 한 나라, 한 지역에 관심을 가져라. 그리고 가능한 행
동을 취하라. 편지를 쓰고 의료기구와 학용품을 보내라. 지구는 이제
너무나 편리해져서 당신이 원하는 곳에 가는 것은 그리 어렵지 않다.
당신의 교회에서 보낸 사람들이 사는 곳의 지도나 사진을 벽에 붙여
라.91)

1. 세상에 존재하는 다른 사람들과 교류하라

당신의 가족이 다른 나라 사람들과 교류하는 방식에는 여러 가지

가 있다. 손쉽게 연결할 수 있는 방법 중 하나는 메노나이트 중앙 위원회MCC 같은 구호 기관에 의료기구나 학용품을 마련해서 보내는 일이다. 당신의 가족은 메노나이트 중앙 위원회의 지구촌 가족 프로그램을 통해 재정적으로 도움이 필요한 가족과 학교를 돕는 후원자가 될 수 있다. 구호기관이라도 간접 비용을 엄청나게 지출하는 기관과 프로그램이 있으므로 특별한 주의가 필요하다. 이를 위해 그들의 재정 현황을 볼 수 있는 보고서를 요청해보라. 교환 학생 프로그램이나 메노나이트 중앙 위원회 '국제 방문자 교환 프로그램' IVEP 참가자를 후원하는 것은 다른 나라에서 온 사람들의 삶을 통해 배우는 또 다른 방법이기도 하다.92) 당신의 자녀들에게 펜팔이나 이메일 친구를 맺어주는 것은 권장할 만한 아이디어가 될 것이다. 아래 글

국제 봉사를 위해 교회에서 해외로 파송해 나간 사람들과 연락을

취하라. 지속적인 접촉은 그들에게 큰 유익을 주며, 당신의 자녀들에게 세상 사람들이 어떻게 살고, 당신이 사는 나라가 상처 입은 사람들에게 돕는 정책을 시행하는지 알게 해 줄 것이다. 선교기관이나 봉사단체를 통해 해외에 나간 가족과 당신 가족이 파트너가 되는 것도 한 가지 방법이다.

지구에 사는 모든 사람의 생명이 하나님의 눈에는 똑같이 소중하고 가치 있다는 사실을 끊임없이 기억하고 강조하라. 미디어의 뉴스를 통해 흘러나오는 지역 혹은 국가에 관한 제한된 소식만으로 아이들은 사회의 모든 면을 알 수 없다. 따라서 우리는 아이들에게 하나님의 지구촌 가족을 그리는 잡지나 책들을 제공해야 한다.[93] 당신의 자녀들이 다른 나라 사람들을 더 많이 알수록, 시민들의 생활을 위협하는 악의 세력과 군사적 행동을 취하는 나라들과 외국 정책에 대해 더 많은 질문을 하게 될 것이다.

2. 지구상에 사는 다른 사람들을 변호하라

국제인권위원회는 전 세계에서 일어나는 인권 침해의 실상에 초점을 맞춘다. 그들은 개인들을 위해 다양한 편지쓰기 프로그램을 운영하는데, 어린 자녀가 있는 가족은 매년 경축일 카드를 쓰면서 이 프로그램에 참여할 수 있다. 웹페이지 상에 국제인권위원회아이들 AIKids이라는 페이지가 있는데, 절박한 조처가 필요하거나 다양한 교육활동에 대해 어린이들이 참여할 수 있는 곳이다.[94]

1999년 여덟 살이었던 내 딸은 이라크 가족에게 필요한 1주일 분량의 생활물품을 포장하는 삼촌을 도와주었다. 그들은 10년 동안 이라크에서 진행된 폭탄투하, 경제적 제제 및 전쟁에 대해 항의하고자 포장된 생활물품을 국회의원에게도 보냈다. 편지에는 다음과 같이 썼다.

> 친애하는 스프랫 의원에게
> 지금 보내드리는 물품은 1주일 치 식량으로 충분하지 않습니다! 우리 가족이 하루에 먹는 분량입니다. 이라크에 대한 경제적 제제를 풀어주십시오.

3. 아이들이 창조세계를 돌보도록 가르치라

지구는 북미의 사람들이 사는 수준의 삶을 살만큼 모든 사람을 부양하지 못한다. 한 사람이 생물학적으로 생산적인 삶을 살려면 17,000㎡가 있어야 한다고 한다. 1997년 미국 시민들은 한 사람당 103,000㎡ 분량을, 캐나다인들은 77,000㎡ 분량을 사용하였다. 우리는 본질적으로 자연자원을 소비재원으로 만들고자 자연을 지나치게 이용한다.96) 소비를 줄이고 돈을 적게 갖는 삶이 항상 연결되어 있지는 않다. 재활용품과 지역산물을 구입하는 것은 돈을 절약하는 방법은 아니지만, 훨씬 적은 자원을 사용하는 것만은 틀림없다. 그리고 이

> 지구를 잘 대하라. 그것은 부모들에 의해 당신에게 주어진 것이 아니다. 그것은 자녀들이 당신에게 빌려준 것이다.케냐 속담

러한 삶의 이슈들 중 어느 것도 검소한 삶이라는 단어가 가져다주는 것처럼 실천하기에 그리 간단하지 않다. 그러나 북미에 사는 사람들은 정신을 차려야 한다. 지구에 사는 모든 사람은 현재의 표준생활이라는 것에 대해 더 심각하게 생각해 보아야 한다.[97]

4. 전쟁에 대해 이야기하라

자녀들은 왜 사람들이 전쟁을 시작하여 그토록 치열하게 싸우는지 궁금해 할 수 있다. 무엇이 그토록 끔찍한 행동을 하게 만드는가? 한 물건으로 만족하지 못하고 이번에는 이것, 다음에는 저것을 쫓아가는 어린아이와 같은 모습으로 그 상황을 설명할 수 있다. 2001년 9월 11일의 공격과 같이 이 아이가 갑자기 성질을 부리기 시작한다. 행동은 마치 그럴 듯해 보이나 실은 추잡스러워진다. 지나간 과거의 역사를 이해한다고 해서 추잡스러운 행동이 괜찮아지는 것은 아니며, 다만 그러한 상황을 이해하기 더 힘들도록 만든다.

평화 건설을 위해 일하는 사람들은 특히나 전쟁에 관여하는 사람들을 비인간화시키지 않도록 특별히 주의해야 한다. "그리스도인들은 그들이 행하지 않는 죄를 짓는 사람들에 대해 참지 못할 정도로 화를 내는 경향이 있다"고 한 에이즈 감염 환자들을 돌보는 한 기관 대표의 말을 기억할 필요가 있다.[98] 평화건설은 부분적으로 다른

> 친애하는 부시 대통령께,
> 그 어떤 나라에서도 전쟁을 삼가십시오. 사람들을 죽이고 상처를 입히는 전쟁은 옳지 않습니다. 재스민

사람의 시각으로 사건을 볼 수 있어야 한다. 특히 그 사람의 시각이 우리 자신의 시각과 정반대일 때에 더 그렇다. 우리는 그들을 어떻게 사랑할 수 있는지 해결의 실마리를 찾아야 한다. 이것이 하나님께서 그리스도 안에서 우리에게 보여주신 평화의 방법이다.

우리 자녀들에게 평화를 가르치는 것은 그들과 함께 다른 관점과 시각을 나누는 것이며, 그들이 자신을 소중하게 여기듯이 다른 사람을 소중하게 여기도록 도와주는 것이다. 한 친구가 이러한 말을 전해주었다.

"가톨릭 고등학교에 다니는 내 딸은 9월 11일 무역센터 공격에 대한 학교의 반응을 보았다. 딸은 평화가 그녀에게 얼마나 소중한지, 그리고 모든 그리스도인이 자신이 가진 평화에 대한 이해를 하지는 않는다는 사실을 더욱 분명히 깨닫기 시작했다. 어느 날 저녁 아이는 영어숙제로 전쟁에 나가있는 봉사자를 후원하는 편지를 써야 했다. 여러 가지 가능한 선택사항을 숙고한 후, 아이는 그리스도인 평화건설 팀the Christian Peacemaker Teams으로 수고하는 사람에게 편지를 쓰기로 했다. 전쟁이 아닌 평화건설 팀을 후원한다는 내용이었다. 그리고 딸은 아프가니스탄에 나간 군사 활동을 후원할 수 없기 때문에 주어진 영어숙제를 할 수 없다는 내용으로 선생님에게 편지를 썼다."

프로렌스 파리 하이드Florence Parry Heide는 *Sami and the Time of the Troubles*를 통해 초등학교에 다니는 어린이들이 전쟁기간 중에 어떠한 삶을 살아가는지 생생하게 보여준다.[99) 지도에서 레바논이 어디인지, 이스라엘과 팔레스타인이 어디인지, 그리고 뉴스에 자주 등장하는 지역이 어디인지 찾아보라. 새미는, 다른 나라의 전쟁 지역에서 사는 아이들처럼, 베이루트의 전쟁 속에서 태어난 10살짜리 소년이다. 가족과 함께 지하실에 사는 그는 평화를 위해 일하기 원하며 자라났고 그러한 방법으로 삶의 길을 찾고 있다.

5. 답이 없는 질문들이 있음을 인정하라

하나님은 악, 평화주의, 히틀러, 테러리스트들에 대한 모든 질문에 부모들이 답을 줄 수 있으리라 기대하시지 않는다. 다행스럽게도 하나님의 통치하심을 거절한 사람들로 가득 찬 세상 속에서 평화를 유지하도록 우리를 두신 것이 아니다. 하나님께서 우리에게 부가적인 과업을 주시지 않고 그렇게 하라고 요구하셨다면 이것을 감당하는 것은 너무나 어렵다. 우리에게 요구된 것은:

> 너희는 마음을 다하고 뜻을 다하고 힘을 다하여, 주 너희
> 의 하나님을 사랑하여라. 내가 오늘 너희에게 명하는 이
> 말씀을 마음에 새기고, 자녀에게 부지런히 가르치며, 집
> 에 앉아 있을 때나 길을 갈 때나, 누워 있을 때나 일어나

있을 때나, 언제든지 가르쳐라[100]는 것이다.

예수는 신약성서에서 이것을 다시 반복하여 말씀하셨다. '무엇이 첫째 되는 계명입니까' 라고 질문을 받으셨을 때, 예수님은 신명기 말씀과 레위기 19장 18절의 말씀을 동시에 들려주셨다.

둘째는 이것이다. 네 이웃을 네 몸 같이 사랑하여라. 이 계명보다 더 큰 계명은 없다.[101]

토론을 위한 질문

1. 당신의 자녀들이 다른 나라에 사는 사람을 아는가?

2. 그 지역에서 일어나는 전쟁과 미국의 역할에 대해 어떻게 이야기 하는가? 당신이 사용하는 뉴스를 대신할 만한 또 다른 출처는 있는가?

함께하는 평화: 교회와 가정에서

> 만약 당신이 잘 알지 못하는 숲속으로 간다면, 당신은 우선 함께 갈 친구를 찾는 것이 좋다. 만약 당신이 무엇인가 물건을 가지고 간다면, 호위할 사람들을 찾으라. 우리가 자유로이 살아가려면, 서로를 격려하고 용기를 북돋워주어야 한다. 도리스 잔젠 롱그레이스(Doris Janzen Longrace) 102)

1. 평화 건설을 위해 통합 교육과정을 사용하라

교회는 어린이들과 청소년들을 위해 평화 건설을 위한 성서말씀과 이야기들을 통합하는 교육과정을 선택해야 한다. 주일학교와 성서공부를 위한 자료들을 위해 메노나이트 출판사가 제공하는 웹사이트www.mph.org/cp/를 확인해보라.

2. 평화 읽기 프로그램을 주관하라

두 사람이 협력한다면 당신의 교회나 여러 교회에서 평화 읽기 프로그램을 시행하는 것은 어렵지 않을 것이다. 만약 특별한 프로그램이 없다면 이 프로그램은 여름 방학이나 겨울 방학동안 진행하는 것도 좋다.

이 프로그램을 위해 웹사이트 http://peace.mennolink.org/ teachpeace 에서 필요한 양식을 다운받을 수 있다. 이 프로그램 참가자들에게 식권이나 상품권 등을 통해 적절하게 보상을 해주는 것도 좋을 것이다. 이 프로그램에 아이들에게 책을 읽어 줄 어른들도 참여시키도록 하라.

프로그램을 마치면, 함께 파티를 열어 축하의 시간을 가져라. 아이들이 그린 포스터를 전시하고, 평화와 관련된 음악을 연주하고 노래할 가수들을 초청하라. 가장 인기 있었던 책을 큰 목소리로 읽으라. *The Butter Battle Book*과 *Rumpelstiltskin's Daughter*은 추천할 만한 책이다.103)

3. 행사를 준비한 자료를 보관하라

전쟁이 없을 때 교회에서 전쟁에 참여하지 말라고 가르치지 않는다는 것은 아이러니다. 일단 군사 활동이 시작되면, 때는 이미 너무 늦었다. 만약 전쟁이 있었다면, 그때 신실한 사람들이 어떻게 반응했는가를 돌아볼 정기행사를 개최하라. 그리고 이전의 전쟁 동안 활동한 평화주의자들에 대한 이야기를 검토해보라. 이렇게 하는 것은 교회가 평화를 위해 할 수 있는 일이다. 교회가 가져야할 책임 중 한 가지는 젊은이들이 평화건설의 태도를 분명하게 하도록 도와주며 경험을 갖게 하는 것이다.

다음에 제시된 활동은 주일학교에서 몇 주 혹은 몇 달 동안 시행할 수 있는 것들로, 전쟁 중 군복무에 임했던 그리스도인들에 대한 내용뿐만 아니라 역사적·성서적 정보로 말미암아 병역을 거부했던 양심적 병역거부에 대한 내용들이다. 이 연구에는 가정에서 자녀들과 함께 대화하도록 부모들을 위한 질문들이 포함되어 있다.104)

무장 충돌의 상황에 참여하거나 참여하지 않는 당신의 신앙적 견해를 담은 문서를 작성하라. 메노나이트 중앙위원회가 제공하는 평화 건설자 등록 양식을 구하라.105) 양식을 작성할 수 있는 연령의 사람들에게 구체적 자료를 제시하며 등록하도록 하라. 성서와 삶속의 경험은 그들의 시각을 형성하는 데 도움을 줄 것이다. 만약 사람들이 어떤 형태든 군대에 참가해야 한다고 믿는다면, 그들의 그러한 확신을 정당하게 설명하도록 하라. 그리고 시간의 흐름과 함께, 부모와 교사와 멘토의 도움을 받아 그들이 작성한 내용들을 업데이트하라. 15세부터 26세에 이르는 자녀들이라면, 이러한 파일들을 스스로 간직하도록 하라. 의료 전문인들에게는 45세에 이르기까지 간직하도록 하라.

고등학교 학생들을 위해 2년에 한 번씩 행사를 마련하라. *The Good War and Those Who Refused to Fight It*라든가 *Change of Command*106)와 같은 영화를 함께 보라. 미리 몇 명의 어른들에게 부탁해 모의 영장을 발급해 보라. 숫자가 적힌 종이를 마련해서 고등학교에 다니는 모든 학생이 숫자를 뽑도록 해보라. 각 학생에게 그들이 군대에 참가할지 말지에 대한 한두 가지 질문을 해보라. 그들이 적절한 이유를 말하도록 하며, 그 이유를 설명할 합당한 정보가 있는지 물어보라. 가능하다면 교회 전체 회중이 참여하는 가운데 이러한 행사를 가져보라. 교회에 참석한 모든 사람에게 숫자를 나누어 주고 같은 질문을 해보라. 원한다면 멘토의 도움을 받아가며 청소년에게도 같은 질문을 해보라. 이러한 행사의 목적은 청소년들을 당황스럽게 만드는 것이 아니라 자신들의 신념을 더 확실히 하도록 돕기 위함이다.

4. 평화하라

교회와 함께 파트너가 되는 가족으로서 우리는 하나님께 철저하며 신실한 모델이 되어야 하는 사람들이다. 하나님은 이 세상에 평화를 건설하는 사람들로 우리를 부르셨다.

> 하나님, 매일 나의 신앙이 일상의 샬롬을 만들어내게 하소서.
> 나의 꿈이 샬롬을 꿈꾸게 하며
> 나의 정신이 샬롬을 생각하게 하며
> 나의 가슴이 샬롬을 불러일으키게 하며
> 나의 말이 샬롬을 초대하며
> 나의 행동이 샬롬을 반영하게 하소서
> 하나님 당신의 샬롬으로 내 영혼을 변화시키소서.
> – 아트리 피취(Atlee Beechy. 107)

청소년 평화책 모음(평화책 선정위원회)

6학년 1반 구덕천, 허은순 글, 곽정우 그림, 현암사

20년간의 수요일, 윤미향 글, 웅진주니어

26년, 강풀 글 그림, 재미주의

가시내, 김장성 글, 이수진 그림, 사계절

갈 테야 목사님, 조은수 글 그림, 웅진주니어

거짓말 같은 이야기, 강경수 글 그림, 시공주니어

거짓말이 가득, 오카슈조 글, 노석미 그림, 고향옥 옮김, 창비

고양이 학교, 김진경 글, 김재홍 그림, 문학동네어린이

곰의 아이들, 류화선 글, 이윤희 그림, 문학동네어린이

곰이와 오푼돌이 아저씨, 권정생 글, 이담 그림, 보리

국경 없는 마을, 박채란 글, 한성원 그림, 서해문집

굿모닝 버마, 기 들릴 글, 소민영 옮김, 서해문집

기분, 다니카와 순타로 글, 초 신타 그림, 엄혜숙 옮김, 한림

까매서 안 더워, 박채란 글, 이상권 그림, 파란자전거

꽃할머니, 권윤덕 글 그림, 사계절

나는 곰입니다, 장 프랑수아 뒤몽 글 그림, 이주희 옮김, 봄봄

나는 빠리의 택시운전사, 홍세화 글, 창비

난 그것만 생각해, 카림 르수니 드미뉴 글, 곽이경 해제, 조승연 그림, 김혜영 옮김, 검둥소

낫짱이 간다, 김송이 글, 홍영우 그림, 보리

내 가족과 다른 가족들, 베라 티멘측 글, 이경아 옮김, 꼬마이실

내 목소리가 들리나요?, 다시마 세이조 글 그림, 황진희 옮김, 사계절

내 이름은 욤비, 욤비 토나, 박진숙 글, 이후

내 이름은 이순덕, 공진하 글, 최정인 그림, 낮은산

내 탓이 아니야, 레이프 크리스티안손 글, 딕 스텐베리 그림, 김상열 옮김, 고래이야기

내가 라면을 먹을 때, 하세가와 요시후미 글 그림, 장지현 역, 고래이야기
내가 살던 용산, 유승하 외, 보리
냄새차가 나가신다, 케이트 맥뮐란 글, 조은수 옮김, 아이세움
넌 정말 멋져, 미야니시 타츠야 글 그림, 허경실 옮김, 달리
누구라도 친구, 신자와 도시히코 글, 아베 히로시 그림, 유문조 옮김, 문학동네
    어린이
달 샤베트, 백희나 글 그림, 스토리보울
달라도 친구, 허은미 글, 정현지 그림, 웅진주니어
대추리 아이들, 김정희 글, 홍정선 그림, 사계절
더 커다란 대포를, 후타미 마사나오 글 그림, 김현주 옮김, 한림
돌고래 파치노, 정도상 글, 오윤화 그림, 문학동네어린이
둥근 해가 떴습니다, 장경혜 글, 문학동네어린이
둥지 상자, 김황 글, 이승원 그림, 한솔수북
딸꾹질, 김고은 글 그림, 아지북스
뚝딱뚝딱 인권짓기 1,2, 인권교육센터 들 글, 윤정주 그림, 책읽는곰
로봇의 별 1~3 , 이현 글, 오승민 그림, 푸른숲주니어
"로쿠베, 조금만 기다려, 하이타니 겐치로 글, 초 신타 그림, 햇살과나무꾼 옮
    김, 양철북
리언이야기, 리언 월터 틸리- 수잔 엘 로스 글, 배경내 옮김 , 바람의아이들
마이 볼, 유준재 글 그림, 문학동네어린이
말의 알을 찾아, 비쁘러다스 버루아 글, 하셈 칸 그림, 로이 알록 꾸마르 옮김,
    보림
맨홀장군 한새 1, 2, 김우경 글, 오승민 그림, 문학과지성사
먼지없는 방, 김성희 글, 보리
명애와 다래, 이형진 글 그림, 느림보
무기 팔지 마세요, 위기철 글, 이희재 그림, 청년사
무에타이 할아버지와 태권 손자, 김리라 글, 김유대 그림, 웅진주니어
물과 숲과 공기, 몰리 뱅 글 그림, 최순희 옮김, 마루벌
바람이 불 때에, 레이먼드 브릭스 글 그림, 김경미 옮김, 시공주니어
반짝이는 물을 보았니?, 조은수 글 그림, 창비
밥데기 죽데기, 권정생 글, 박지훈 그림, 바오로딸
방관자, 제임스 프렐러 글, 김상우 옮김, 미래인

배고픔 없는 세상, 프랑수아 데이비드 글, 올리비에 티에보 그림, 전미역 옮김,
    단비어린이
별이 되고 싶어, 이민희 글, 창비
봉주르 뚜르, 한윤섭 글, 김진화 그림, 문학동네어린이
불편해도 괜찮아, 김두식, 창비
블루시아의 가위바위보, 박관희 김중미 등 글, 윤정주 그림, 창비
비무장 지대에 봄이 오면, 이억배 글, 사계절
빨리빨리라고 말하지 마세요, 마스다 미리 글, 히라사와 잇페이 그림, 김난주
    옮김, 뜨인돌어린이
빵과 장미, 캐서린 패터슨 글, 우달임 옮김, 문학동네
빼앗긴 내일, 즐라타 필리포빅 글, 멜라니 첼린저 엮음, 정미영 옮김, 한겨레아
    이들
새끼 표범, 강무홍 글, 오승민 그림, 웅진주니어
생태요괴전, 우석훈 글, 개마고원
서로를 보다, 윤여림 글, 이유정 그림, 낮은산
선생님 내 부하해, 하이타니 겐지로 글, 햇살과나무꾼 옮김, 양철북
세계의 인사법, 초오 신타, 초 신타 글, 김창원 옮김, 진선출판사
세상에서 가장 힘이 센 말, 이현정 글, 박재현 그림, 맹&앵
세탁소 아저씨의 꿈, 엄혜숙 글, 이광익 그림, 웅진주니어
소금꽃나무, 김진숙 글, 후마니타스
소꿉 Children's Playing House, 편해문 글, 고래가그랬어
소년 정찰병, 월터 딘 마이어스 글, 앤 그리팔코니 그림, 이선오 옮김, 북비
손톱이 자라날 때, 방미진 글, 문학동네
수달이 오던 날, 김용안 글, 한병호 그림, 시공주니어
수요일의 괴물, 다니엘르 시마르 글, 이정주 옮김, 개암나무
숨쉬는 도시 꾸리찌바, 안순혜 글, 박혜선 그림, 파란자전거
신과함께, 주호민 글 그림, 애니북스
아름다운 아이, R.J.팔라시오 글, 천미나 옮김, 책과콩나무
아모스 할아버지가 아픈 날, 필립 C. 스테드 글, 에린 E.?스테드 그림, 유병수
    옮김, 열린책들
아직 늦지 않았어요, 노경실, 박상률, 백은하, 박혜숙, 김해등, 최형미 글, 휴먼
    어린이

안 돼!, 데이비드 맥페일 글 그림, 시공주니어

안돼 삼총사, 나카야마 치나츠 글, 장지현 옮김, 웅진주니어

"얘들아, 안녕, 소피 퓌로 글, 장석훈 옮김, 비룡소

어깨동무, 손문상, 정후이, 김수박, 조주희, 박철권, 최규석 외 글 그림, 창비

어떤 느낌일까?, 나카야마 치나츠 글, 와다 마코토 그림, 자지현 옮김, 보림

열두 살의 전설, 고토 류지 글, 박종진 옮김, 우리교육

열일곱살의 털, 김해원 글, 사계절

오늘도 화났어, 나카가와 히로타카 글, 하세가와?요시후미 그림, 유문조 옮김,
　　내인생의책

오래된 미래 : 라다크로부터 배우다, 헬레나 노르베리 호지 글, 양희승 옮김,
　　중앙북스

왜 세계의 절반은 굶주리는가, 장 지글러 글, 유영미 옮김, 갈라파고스

왜?, 니콜라이 포포프 글, 현암사

우리 동네에는 아파트가 없다, 김중미 글, 유동훈 그림, 별천지

우리누나, 오카 슈조 글, 카미야 신 그림, 김난주 옮김, 웅진주니어

우리는 아시아에 살아요, 조지욱 글, 김무연 그림, 웅진주니어

우리는 친구, 다니카와 순타로 글, 와다 마코토 그림, 김숙 옮김, 북뱅크

우리는 학교에 가요, 황동진 글 그림, 낮은산

우리는 한가족이야, 핌 판 헤스트 글, 닌케 탈스마 그림, 정낙선 옮김, 고인돌

우리들의 7일 전쟁, 소다 오사무 글, 고향옥 옮김, 양철북

유진과 유진, 이금이 글, 푸른책들

이럴 땐 싫다고 말해요, 마리 프랑스 보트 글, 파스칼 르메트르 그림, 홍은주
　　옮김, 문학동네어린이

이선생의 학교폭력 평정기, 학생생활연구회, 양철북

"인권, 교문을 넘다, 인권교육센터 들, 한겨레에듀

인종 이야기를 해 볼까?, 줄리어스 레스터 글, 조소정 옮김, 사계절

전쟁과 소년, 윤정모 글, 김종도 그림, 푸른나무

절대 보지 마세요 절대 듣지 마세요, 변선진 글 그림, 바람의아이들

조커와 나, 김중미 글, 창비

좋은 일이 생길 거야, 로즈앤 통 글, 유진 김 닐란 그림, 김경연 옮김, 노란상상

주먹을 꼭 써야할까?, 이남석 글, 사계절

쥐와 게, 김중철 글, 김고은 그림, 웅진주니어

지구가 100명의 마을이라면, 데이비드 스미스 글, 셸라 암스트롱 그림, 노경실
　옮김, 푸른숲주니어
지구는 내가 지킬 거야!, 존 버닝햄 글, 이상희 그림, 비룡소
지구를 다 먹어버린 날, 알랭 세르 글, 실비아 보나리 그림, 박희원 옮김, 뜨인
　돌어린이
지구를 위한 한 시간, 박주연 글, 조미자 그림, 한솔수북
지금은 없는 이야기, 최규석 글 그림, 사계절
지독한 장난, 이경화 글, 대교출판
지렁이 울음소리를 들어봐!, 신순재 글, 장경혜 그림, 창비
짜장 짬뽕 탕수육, 김영주 글, 고경숙 그림, 재미마주
찬다 삼촌, 윤재인 글, 오승민 그림, 느림보
참 좋다 통일 세상, 임수경 글, 박재동 그림, 황소걸음
천사들의 행진, 강무홍 글, 최혜영 그림, 양철북
체르노빌 : 금지구역, 프란시스코 산체스 글, 나타차 부스토스 그림, 김희진 옮
　김, 현암사
초가집이 있던 마을, 권정생 글, 홍성담 그림, 분도출판사
초록 자전거, 이상교 글, 오정택 그림, 사파리
총을 들지 않는 사람들, 전쟁없는세상 외, 철수와영희
최기봉을 찾아라, 김선정 글, 이영림 그림, 푸른책들
최열 아저씨의 푸른 지구 만들기 세트, 최열 글, 김성은 그림, 청년사
침팬지를 사랑한 동물학자 제인 구달, 서경석 글, 김형배 그림, 사회평론
"캄펑의 개구쟁이 1,2, 라트 글, 박인하 홍윤표 옮김, 꿈틀
커스티는 다 알아, 애널레나 매커피 글, 김서정 옮김, 논장
태일이 1 - 5, 박태옥 글, 최호철 그림, 돌베개
투발루에게 수영을 가르칠 걸 그랬어, 유다정 글, 박재현 그림, 미래아이
트루먼 스쿨 악플 사건, 도리힐레스타드 버틀러 글, 이도영 옮김, 미래인
파도, 토드 스트라써 글, 김재희 옮김, 이프
파란 티셔츠의 여행, 비르기트 프라더 글, 비르기트 안토니 그림, 엄혜숙 옮김,
　담푸스
페르세폴리스 1 - 2, 마르잔 사트라피 글, 새만화책
평화는 어디에서 오나요?, 구드룬 파우제방 글, 김중철 옮김, 웅진주니어
평화는 힘이 세다, 로라 자페 글, 장석훈 옮김, 푸른숲주니어

평화란 어떤 걸까?, 하마다 게이꼬 글 그림, 박종진 옮김, 사계절

평화를 꿈꾸는 도토리나무, 오카도 다카코 글, 마쓰나가 요시로 그림, 고향옥 옮김, 도토리숲

평화학교-노벨 평화상 수상자와 함께 하는, 이반 수반체프, 돈 기퍼드 엥글 글, 이순미 옮김, 다른

푸른 눈, 갈색 눈, 윌리엄 피터스 글, 김희경 옮김, 한겨레출판사

피터히스토리아 1,2, 교육공동체 나다 글, 송동근 그림, 북인더갭

하느님 물건을 파는 참새, 이오덕 시, 김용철 그림, 고인돌

하늘이네 커다란 식탁, 니시하라 게이지 글, 고향옥 옮김, 한울림어린이

하이퐁 세탁소, 원유순 글, 백승민 그림, 아이앤북

한홍구와 함께 걷다, 한홍구 글, 검둥소

함께 걷는 길, 김서정 글, 한성옥 그림, 웅진주니어

핵폭발 뒤 최후의 아이, 구드룬 파우제방 글, 최혜란 그림, 함미라 옮김, 보물 창고

헬렌 니어링의 소박한 밥상, 헬렌 니어링 글, 공경희 옮김, 디자인하우스

황금 사과, 송희진 글, 이경혜 옮김, 뜨인돌어린이

여정을 위한 참고 자료

● 관련 웹사이트 : http://peace.mennolink.org/teachpeace
위 웹사이트를 통해 다음의 자료들을 볼 수 있다.

- 목록으로 정리된 평화 관련 자료: 도서, 비디오, 음악, 모든 연령층을 위한 웹사이트. 3세부터 성인에 이르기까지 저자들에 의해 목록이 잘 정리되어 있다. 주제별, 문서형식별, 연령별로 목록을 찾아볼 수 있다.
- 평화 관련 자료 및 기관 링크
- 갈등 관련 설문조사 (3~5, 6~8, 9~12, 성인 등 연령별로 분류됨)
- 평화 독서 프로그램 양식

부모들을 위한 자료들:

Alternatives for Simple Living. *Treasury of Celebrations: Create Celebrations That Reflect Your Values and Don't Cost the Earth.* Carolyn Pogue, ed. (Canada: Northstone, 1997).

Aschliman, Kathryn. *Growing Toward Peace: Stories from Teachers and Parents About Real Children Learning to Live Peacefully.* Scottdale, (Pa.: Herald Press, 1993).

Berlowe, Burt, Elizabeth Lonning. and Joseph Cress. *The Peaceful Parenting Handbook.* San Jose. (Calif.: Resource Publications, 2001).

Break Forth into Joy! Beyond a Consumer Lifestyle video. Produced by BurstVideo Film, Inc. Sioux City, (IA: Alternatives for Simple Living, 1995). Videocassette. 전문은 다음에 있다. www.simpleliving.org/Archives/Video Scripts/BreakforthJoy.html)

Carlsson-Paige, Nancy, and Diane Levin. *Who's Calling the Shots?: How to Respond Effectively to Children's Fascination with War Play and War Toys.* Gabriola lsland, (B.C.: New Society Publishers, 1990).

Cecil, Nancy Lee, with Patricia L. Roberts. *Raising Peaceful Children in a Violent World.* San Diego, (Calif.: LuraMedia, 1995).

Crary. Elizabeth. Pick Up Your Socks:··· *And Other Skills Growing Children Need!: A Practical Guide to Raising Responsible Children.* (Seattle: Parenting Press, 1990).

Dawn, Marva J. *Keeping the Sabbath Wholly: Ceasing, Resting, Embracing, Feasting.* Grand Rapids, (Mich,: Eerdmans, 1989).

de Leon-Hartshorn, Iris, Tobin Miller Shearer, and Regina Shands Stolzfus. S*et Free: AJourney Toward Solidarity Against Racism.* Seottdale, (Pa.: Herald Press, 2001).

Faber, Adele, and Elaine Mazlish. *Siblings without Rivalry: How to Help Your Children Live Together So You Can Live Too.* (New York William Morrow, 1998).

Jantzi, Jeanne Zimmerly. *Parent Trek: Nurturing Creativity and Care in Our Children.* Scottdale, (Pa.: Herald Press, 2001).

Juhnke, James, and Carol Hunter. *The Missing Peace: The Search for Nonviolent Alternative in United States History.* (Waterloo: Pandora Press, 2001).

Landis, Susan Mark. *But Why Don't We Go to War?: Finding Jesus' Path to Peace.* Scottdale, (Pa.: Herald Press, 1993).

Longacre, Doris Janzen, et al. *Living More with Less.* Scottdale, (Pa.: Herald Press, 1980).

Mathias, Barbara, and Mary Ann French. *40 Ways to Raise a Nonracist Child.* (New York: Harper Collins 1996).

McGinnis, James, et al. *Families Creating a Circle of Peace: A Guide for Living the Family Pledge of Nonviolence.* (St. Louis: Families

Against Violence Advocacy Network, 1996).

McGinnis, Kathleen and James. *Parenting for Peace and Justice: Ten Years Later.* (New York: Orbis Books, 1990).

Muller, Wayne. *Sabbath: Restoring the Sacred Rhythm of Rest.* (New York: Random House, 1999).

Nelsen, Jane, Lynn Lott, and H. Stephen Glenn. *Positive Discipline A-Z: 1001 Solutions let Everyday Patenting Problems,* 2d ed. Rocklin, (Calif.: Prima, 1999).

Robinson, Jo, and Jean Coppock Staeheli. *Unplug the Christmas Machine.* Rev. ed. (New York: William Morrow, 1991).

Schrock-Shenk, David, ed. *Basic Trek: Venture into a World of Enough: The Original 28-Day Journey.* Scottdale, (Pa.: Herald Press, 2002).

Sheard, Murray. *Living Simply: Studies in Learning to Live as Jesus Did.* Auckland: World Vision of New Zealand, 1999. (Available from Alternatives: see page 69).

Sider, Ronald J. *가난한 시대를 사는 부유한 그리스도인.* IVP역간.

어린이-청소년들을 위한 자료

Baldwin-Ford, Pamela. *Tatterhood and Other Dies: Stones of Magic and Adventure.* (New York: Feminist Press, 1989).(Ages 9~12)

Baylor, Byrd. *The Table Where Rids People Sit* (New York: Atheneum, 1994). (Ages 6-adult)

Bosch, Carl W. *Bully on the Bus.* (Seattle: Parenting Press, 1988). (Ages 7~11) See other s in The Decision Is Yours series.

Coleman, Penny. *Girls: A History of Growing Up Female in America.* (New York: Scholastic, 2000). (Ages 11~adult)

Crary, Elisabeth. *I Want to Play.* 2d ed. (Seattle: Parenting Press, 1996). (Ages 4~8). See others in the Children's Problem Solving series.

Freedmsn, Florence. *The Brothers: A Hebrew Legend.* (New York: Harper Collins, 1985). (Ages 5~9)

Hearne, Betsy. *Seven Brave Women.* (New York: Greenwillow, 1997). (Ages 5~9)

Heide, Florence Parry and Judith Heide Gilliland. *Sami and the Time of Troubles.* (New York: Clarion, 1992). (Ages 6-10)

Kissinger, Katie. *All the Colors We Are: The Story of How We Get Our Skin Color / Todos los Colores de Nuestra Piel.* (St. Paul Minn.: RedLeaf, 1994), (Ages 4~8)

Lachner, Dorothea. *Andew's Angry Words.* (New York: North-South Books), 1997. (Ages 4~7)

Loewen, JamesW. *Lies My Teacher Did Me: Everything Your American History Textbook Got Wrong.* (New York: Touchstone, 1996). (Ages 12~adult)

Merriam, Eve. *Daddies at Work.* (New York: Simon & Schuster, 1989). (Ages 4~8)

______, *Mommies at Work.* (New York: Simon & Schuster, 1989). (Agea 4~8)

Millman, Dan and T. Taylor Bruce. *Secret of the Peaceful Warrior: A Story About Courage and Love. Tiburon,* (Calif.: H.J. Kramer, 1991). (Ages 5~9)

Naylor, Phyllis Reynolds. T*he King of the Playground.* (New York: Simon & Schuster, 1994). (Ages 4~7)

Paterson, Katherine. *The King's Equal.* (New York: Harper Collins, 1992). (Ages 7~10)

Roberts, Jeremy. *The Real Deal: A Guy's Guide to Being a Guy.* (New York: Rosen Publishing Group, 2000). (Ages 9~12)

Schmidt, Fran and Alice Friedman. *Creative Conflict Solving for Kids.* (Miami: Grace Contrino Abrams Peace Education Foundation, 1991). (Similar titles available for different elementary grades)

Scholes, Katherine. *Peace Begins with You.* (San Francisco: Sierra Club Books, 1991). (Ages 5~9)

Seuss, Dr. *The Butter Battle Book.* (New York: Random House, 1984). (Ages 5~9)

Simon, Norma. *I Was So Mad!,* (Morton Grove, Ill.: Albert Whitman 1974). (Ages 4~7)

Stanley, Diane. *Rumpelstiltskin's Daughter.* (New York: William Morrow, 1997). (Ages 5~adult)

Vigna, Judith. Anyhow, *I'm Glad I Tried.* (New York: Albert Whitman, 1978). (Ages 4~8)

Wilde, Jerry. *Hot Stuff to Help Kids Chill Our: The Anger Management Book.* (Richmond, Ind.: LGR Publishing, 1997). (Ages 8~12)

기관들

ReconciliAsian.com
　-www.ReconiliAsian.com

－미국의 한인교회 안에 평화 문화 확산을 위한 길찾기를 목적으로 설립된
단체이다. 단체가 커지기 보다는 작은 그룹들이 많아지는 사역을 꿈꾸는
단체이며, 한인 메노나이트 목사인 허현목사가 대표로 있으며 회복적 정의
와 갈등해결과 관련된 세미나 등을 통해 화해의 길을 모색하고 있다.

Alternatives for Simple Living

－www.SimpleLiving.org
－도서, 게임, 크리스마스 및 기념일, 소비주의 관련 자료. Alternatives
for Simple Living의 소명은 소비주의를 배격하고 정의롭게 사는 믿음의
사람들을 훈련시키는 일이다.

Baptist Peace Fellowship of North America

－www.bpfna.org
－도시, 소식지, 교회 자료 및 책갈피

Buy Nothing Christmas

－www.buynothingchristmas.org
－2001년 캐나다 메노나이트들이 시작한 운동으로 눈에 띠는 소비주의를
배격하고, 크리스마스의 참 의미는 배가시키고자 하는 운동

Celebrating Peace

－www.celebratingpeace.com
－자료 및 프로그램 아이디어들을 제공하며, Visions of Peace Art
Collection을 제공함.

Coalition for Quality Children's Media

－www.cqcm.org/kidsfirst
－미디어 산업 회사, 교육가, 어린이 보호 기관, 가족이 공동으로 참여한다.
이들의 목적은 어린이들에게 비판적 사고를 키워주며 질 높은 어린이 프로
그램을 제공하는 것이다. KIDS FIRST!는 어린이들에게 맞는 영화, 비디
오, DVD, 오디오, 소프트웨어 및 텔레비전 프로그램의 등급을 매기고, 평
가하는 공동프로젝트이다.

Educators for Social Responsibility

－www.esrnational.org
－ESR의 목적은 교육의 핵심인 실행에서 사회적 책임을 지도록 하는 일이
다.

A Force More Powerful

-www.pbs.org/weta/forcemorepowerful/

-PBS의 다큐멘터리 "A Force More Powerful" 제작을 도우며 같은 제목으로 책을 출판하고 있다. 웹사이트는 영화 및 열세 개의 역사적 다큐멘터리의 배경을 소개한다. 무엇이 비폭력적 행동이고 무엇이 아닌지 토론하며, 다른 사람들의 선한 뜻을 존중하도록 안내한다.

The Institute for Peace and Justice

-www.ipj-ppj.org

-Jim and Kathleen McGinnis가 설립하였으며, 인종, 종교, 국가를 넘어서 샬롬을 위해 함께 일하는 Parenting for Peace and Justice Network(PPJN) 기관이다.

Families Against Violence Advocacy Network

-FAVAN는 가족, 학교, 지역, 대학, 교회, 감옥 등에서 일어나는 폭력을 방지하기 위한 네트워크이다. FAVAN의 핵심사업 중 하나가 비폭력을 위한 가족 서약(Family Pledge of Nonviolence) 운동이며 www.ipj-ppj.org/pledge.html.에서 확인할 수 있다.

The Lion and the Lamb Project

-http://lionlamb.org

-장난감과 영화의 등급을 매기며 책 목록을 제공한다.

Mennonite Central Committee (MCC) Canada

-www.mcc.org

Mennonite Central Committee (MCC) U.S.

-www.mcc.org

-The MCC Resource Catalog는 www.mcc.org/respub.html.에서 볼 수 있다.

Mennonite Missions Network's Third Way Cafe

-http://thirdway.com/peace/

-메노나이트 교회 및 평화 교회를 소개하는 웹사이트이며, 현재 평화건설자로 일하는 사람들의 이야기, 현재 일어나는 사건, 평화 운동, 평화 활동

에 대한 글과 질문과 답변들을 제공한다.

Mennonite Peace and Justice Support Network, Mennonite Church USA

-http://peacemennolink.org/teachpeace

-미국 메노나이트 교회의 프로그램으로 예배 자료, 행사 및 관련 자료를 제공한다.

The National Institute on Media and the Family

-www.mediafamily.org

-어린이들이 이용할 수 있는 미디어의 영향에 관심 있는 사람들을 위한 자료가 정리되어 있다. 영화, 텔레비전, 비디오게임의 내용을 검토하고 등급을 매긴다.

Parenting Press

-www.parentingpress.com

-목적은 (문제해결, 갈등해결 및 감정 표현 등) 어린이들 및 이들을 돌보는 사람들의 실제 생활에 도움이 되는 유용한 도서를 제공하는 것이다.(어린이들을 훈육하고 돌보고 안내하는 효과적인 방법들을 제시한다.)

Peace Education Foundation

-www.PeaeeEduration.com

-이들은 유치원에서 12학년에(유치원 12학년이면.. 몇 살이죠?) 해당하는 PeaceWorks라는 교육과정을 출판하고 있다. 초등학교 입학 전 아동과 부모를 위한 자료들, 그룹이 할 수 있는 협력 게임 등을 소개한다.

TV-Turnoff Network

-www.tvturnoff.org

-이 기관은 1994년 4월 이래로 텔레비전 *끄기* 주간 캠페인을 벌이고 있으며, 수많은 자료를 제공한다.

한국의 평화기관들

개척자들

-www.wcfgw.nayana.kr

-분단의 현실 앞에서 생명과 평화를 살리기 위한 평화교육, 철인3종 등 교

육활동과 국내 기행 및 연대 사역을 하고 있는 공동체이다. 송강호박사가 대표로 있으며, 특히 티모르와 인도네시아 아채, 제주강정, 아이티, 일본 등 분쟁과 재해가 있는 곳에서 꾸준히 평화의 일꾼으로 역활을 하고 있다.

경계를넘어

-www.ifis.or.kr
-평화를 위한 해외 연대와 국내의 활동을 통해서 외국의 인권탄압과 전쟁에 대해 발언하며, 국내의 평화를 위협하는 군비확장등에 반대라는 활동을 하고 있다.

나눔문화

-www.nanum.com
-물신의 세계화와 무한경쟁이 삶을 불안에 떨게하는 시대에 나눔을 통해 지구의 생태 재앙, 양극화, 전쟁, 기아질병, 영혼 상실 등의 위기를 극복하려는 비영리 사회운동단체이다.
나누는 학교, 나눔문화포럼, 글로벌평화나눔, 평화나눔아카데미 등 다양한 사업을 펼치고 있다.

반전평화연대

-www.antiwar-korea.org
-2009년 한국진보연대와 다함께, 경계를넘어, 평화재향군인회 등 21개 단체가 참여하여 구성한 단체이다.

참여연대 평화군축센터

-www.peoplepower21.org
-국방외교정책 감시, 군비축소, 평화문화 확산 등 한반도 전쟁 위기 해소와 평화체제 구축을 위해 활동하고 있다. 한반도/동북아의 비핵화와 시민이 참여하는 한반도 평화체제, 국방예산 삭감과 군구조개혁, 시민 평화활동가 만들기 등의 사업을 하고 있다.

팔레스타인평화연대

-www.pal.or.kr
-팔레스타인 민중이 자유를 되찾고 평화롭게 살기를 바라는 사람들과 중동지역의 문제에 관심 있는 사람들이 자발적으로 만든 단체이다.

평화와 통일을 여는 사람들(평통사)

-www.spark946.org

-1994년 문규현신부 홍근수목사가 함께 만든 단체로 전국적인 조직이 있다.

한국평화교육훈련원

-www.kopi.or.kr

-평화형성 전문기관으로 사회 곳곳에 평화의 담론과 방법이 뿌리 내릴 수 있도록 도우며 평화와 정의에 대한 다양한 주제를 교육하고 훈련시킨다.

평화박물관

-www.peacemuseum.or.kr

-베트남 전쟁 때 한국군이 베트남 민간인 학살에 대한 사죄운동으로 출발했으며 '고통 기억 연대'를 지향하며, 우리 사회에 평화감수성과 평화문화 확산을 위한 활동을 벌이고 있다.

후주

서문

1) Kathleen and James McGinnis, *Parenting for Peace and Justice: Ten Years Later* (New York: Orbis Books, 1990).

2) Nancy Lee Cecil with Patricia L. Roberta, *Raising Peaceful Children in a Violent World* (San Diego: LoraMedia, 1995).

3) 가장 부유한 상위 20%와 가장 가난한 하위 20% 사이에 존재하는 수입 차이는 1960년 30대 1에서 1977년에 74대 1로 벌어졌다.(*MCC Washington Office Guide to Economic Globalization*, December 2001).

제1장

4) Perry B. Yoder, *Shalom: The Bible's Word for Salvation, Justice, and Peace* (Newton, Kan.: Faith & Life Press, 1987), 22.

5) 요한복음에서 예수님은 성전에서 양과 소를 쫓아내려고 채찍을 사용하셨다. 존 하워드 요더(John Howard Yoder)와 같은 신학자들은 『예수의 정치학』(서울: IVP, 2007)에서 예수께서 사람들(환전상과 상인들)에게도 채찍을 휘두르셨을 것이라는 해석에 대해 이의를 제기했다. 41-43.

6) 마5:38~42의 설명을 위해 잘못해석된 것을 바로잡기 원한다면 월터 윙크(Walter Wink)의 『사탄의 체제와 예수의 비폭력』(서울: 한국기독교연구소), 175-89을 보라.

7) Perry B. Yoder, *Shalom*, 19~20.

8) 이러한 이슈와 관련된 내용을 더 진지하게 살펴보려면 Ronald J. Sider, *Completely Pro-Life: Building a Consistent Stance on Abortion, the Family, Nuclear Weapons, the Poor* (Downers Grove, Ill.: InterVarsity Press, 1987)을 보라.

9) National Conference of Catholic Bishops, *The Challenge of Peace: God's Promise arid Our Response* (Boston: St. Paul's Editions, 1983), 88-89.

제2장

10) Mary Joan Park, *Peacemaking for Little Friends: Tips, Lessons and Resources for Parents and Teachers* (St. Paul: Little Friends for Peace. 1985), dedication page.

11) Robert Coins, *The Moral Intelligence of Children: How to Raise a Moral Child* (New York: Penguin, 1998), 169-70.

12) Lynn Okagaki, K. Hammond, and L. Seamon, "Socialization of Religious Beliefs" *Journal of Applied Developmental Psychology* 20 (1999): 213-94.

13) Katherine Scholes, *Peace Begins with You* (San Francisco: Sierra Club, 1990). Nancy Leo Cecil with Patricia L. Roberts, *Raising Peaceful Children in a Violent World* (San Diego: LuraMedia, 1995).

14) 하나님의 강력한 은혜에 대해 살펴보려면 Philip Yancy, *What's So Amazing About Grace?* (Grand Rapids, Mich.: Zondervan, 1997)를 보라.

15) Doris Janzen Longacre, et al., *Living More with Less* (Scottdale, Pa.: Herald Press, 1980), 17.

제3장

16) *Confession of Faith in a Mennonite Perspective* (Scottdale, Pa.: Herald Press, 1995), 12.

17) 엡4:24, 5:1; 마5장.

18) Becky Bailey, *Easy to Love, Difficult ta Discipline: The Seven Basic Skills for Turning Conflict into Cooperation* (New York: William Morrow, 2000), 2.

19) Jerry Camery-Hoggatt, *Grapevine: Tire Spirituality of Gossip* (Scottdale, Pa.: Herald Press, 2001) 관련 내용에 대한 직접적 설명임.

20) 대화, 분노, 의사결정 및 물질적인 이슈에 대해 쉽게 도움을 얻을 훌륭한 매뉴얼을 얻기 원하면, Susan Heitler, *The Power of Two: Secret to a Stronger and Loving Marriage* (Oakland, Calif.: New Harbinger Publications, 1997)를 보라.

21) Jane Nelsen, *Positive Discipline*, 2d ed. (New York:Ballantine, 1996)

and Jane Nelsen, Lynn Lott, and H. Stephen Glenn, *Positive Discipline A-Z: 1001 Solutions for Everyday Parenting Problems*, 2d ed. (Rocklin, Calif.: Prima, 1999).

22) Burt Berlowe, Elizabeth Lonning, and Joseph Cress, *The Peaceful Parenting Handbook* (San Jose, Calif.: Resource Publications, 2001). Nancy Lee Cecil with Patricia L. Roberts, *Raising Peaceful 'Children its a Violent World* (San Diego: LuraMedia, 1995).

23) James Dobson, "Anger Most Common Error in Discipline," *The Goshen News* (14 April 2002):A4

24) Astrid Lindgren in Jim McGinnis et al., *Families Creating a Circle of Peace: A Guide for Living the Family Pledge of Nonviolence* (St. Louis: Families Against Violence Advocacy Network, 1996), 26.

25) 엡4:26.

26) 마23:13~33; 막11:15~17; 요18:19~23

27) Dorothea Lachner, *Andrew's Angry Words* (New York North-South Books,1997)은 잘못 내뱉어진 분노의 말들을 따라가 보기에 최고 좋은 책이다.

28) Susan Canizares의 다인종의 감정들에 대한 *Feelings* (New York, Scholastic, 1999)는 아주 어린 아이들이 함께 볼 수 있는 책이다. Norma Simon, *I was So Mad!*(Morton Grove, Ill.: Albert Whitman, 1991)는 1974년부터 현재까지 고전으로 읽힌다. Betsay Everitt, *Meats Soup*(San Diego: Harcourt Brace, 1995)은 호레이스(Horace)와 그의 창조적인 어머니에 대한 이야기이다. 8세부터 12세에 이르는 아이들을 위해서는 Jerry Wilde, *Hot Stuff to Help Kids Chill Out: The Anger Management Book* (Richmond Ind.: LGR Publishing, 1997)을 보라. Parenting Press에서도 몇 권의 훌륭한 책이 출간되었는데 주로 Elizabeth Crary가 4세부터 11세에 해당하는 아이들을 대상으로 쓴 시리즈들이 들어있다. 이 책들은 어린이들이 서로 다른 반응을 보이도록 허락하는 가운데, 일어날 수 있는 감정과 상황들을 다룬다. Parenting Press 홈페이지를 보려면 책 뒤에 실린 기관 목록을 참고하라.

29) "갈등: 어떻게 청소년들이 반응하는가?"(Conflict: How Do Youth Respond?) 라는 제목의 서로 다른 자가 진단법은 3~5, 6~8, 9~12 학년 및 성인용으로 분류되며, 관련 웹사이트에서 다운받을 수 있다.(http://peace.mennolink.org/teachpeace) 점수를 매기는 방법과 이를 해석하는 방법도 자세하게 설명하며,

어린이들이 그룹으로 활동하도록 1시간 분량으로 정리되어 있다. 가족, 주일학교 및 청소년 그룹 활동에 도움을 줄 수 있다.

30) Fran Schmidt and Alice Friedman, *Creative Conflict Solving for Kids* (Miami: Grace Contrino Abrams Peace Education Foundation, 1991).

31) Kathleen McGinnia and Barbara Oehlberg, *Starting Out Right: Nurturing Ytisng Children as Peacemakers* (Bloomington, Ind.: Meyer Stone Books, 1988).

32) 형제자매간의 갈등에 대해 더욱 더 깊고 실제적인 정보를 원한다면, Elaine Mazlish and Adele Faber의 *Siblings Without Rivalry: How to Help Your Children Live Together So You Cats Live Too*(New York: William Morrow, 1998)를 보라.

33) 이러한 제목을 위해 더 도움을 얻고 싶으면 Mary Sheedy Kurcinka, *Raising Your Spirited Child* (New York: Harper Perennial, 1992)와 *Raising Your Spirited Child Workbook*(New York: Harper Collins. 1998)을 보라. 양육하기 까다로운 자녀들의 다양한 성격과 기질을 이해하고 싶거나 그들의 행동 및 화학적 반응에 관련된 내용을 알고 싶으면 Stanley Turecka, *The Difficult Child*, (New York: Bantam, 1989)개정판을 참고하라. Ross W. Greene, *The Explosive Child*, 2d ed. (New York: Harper Collins, 2001)은 "고집 세고 폭발하기 쉬운 자녀들"을 둔 부모들을 위해 더욱 더 폭넓은 배경과 제안을 담고 있다.

34) Derek Glover and Netta Cartwright, *Towards Bully Free Schools: Interventions in Action* (Buckingham, England: Open University Press, 1997). Rachel Simmons, *Odd Girl Out: The Hidden Culture of aggression in Girls* (New York: Harcourt Brace, 2002). 자녀들이 이웃 아이들이나 학교에서 왕따를 당한 때에 이를 어떻게 도와줄 수 있는지에 대한 책들이 몇 권 있다. Judith Vigna의 고전 *Anyhow, I'm Glad I Tried* (Morton Grove, Ill.: Albert Whitman: 1978)은 평화를 위한 노력을 별로 효과 있게 느끼지 못한 어떤 소녀에 대한 실제 이야기이다. Phyllis Reynolds Naylor, *The King of the Playground* (New York: Simon & Schuster, 1994) and Dan Millman and T. Taylor Bruce의 *Secret of the Peaceful Warrier: A Story About Courage and Love* (Tiburon, Calif.: H. J. Kramer, 1991)는 위협과 힘을 어떻게 이해해야 하는지 어린이들에게 새로운 방식을 제시한다. Carl W. Bosch.

Bully on the Bus (Seattle: Parenting Press, 1988)는 조금 나이 든 아이들에
게 자기 스스로 결과를 선택하도록 하는 이야기로, 왕따에 대해 다르게 반응할
때 어떤 결과를 얻을 수 있는지 살펴보도록 안내한다.

제4장

35) Robert McAfee Brown, *Making Peace in a Global Village* (Philadelphia:
Westminster. 1981), 15.

36) Wayne Muller, "Whatever Happened to Sunday? *U.S.A. Weekend* (4
April 1999): 4. 그의 책 *Sabbath: Restoring the Sacred Rhythm of Rest*
(NewYork: Random House, 1999)도 참고하라. 또 다른 훌륭한 책으로는
Marva Dawn, *Keeping the Sabbath Wholly: Ceasing, Resting,
Embracing, Feasting* (Grand Rapids: Eerdmans, 1989)이 있다.

37) Jeanne Zimmerly Jantzi, *Parent Trek: Nurturing Creativity and Care
in Our Children* (Scottdale, Pa.: Herald Press, 2001). Marcia Kelly et al.,
One Hundred Graces: Mealtime Blessings (New York: Random House,
1997).

38) 표준 메르카토르 도법(Mercator projection)보다는 페터스 도법(Peters
projection) 지도가 훨씬 정확하다.

39) Elizabeth Crary, *Pick Up Your Socks…And Other Skills Growing
Children Need!: A Practical Guide to Raising Responsible Children*
(Seattle: Parenting Press, 1990)은 어린이들이 다른 일들을 해야할 때, 연령별
로 해야할 일을 제시하는 도표와 함께 가사일과 책임에 관해 한 장을 할애한다.
Jane Nelsen, *Positive Discipline*, 2d ed. (New York: Ballantine, 1996) 은 2
세부터 12세에 알맞은 집안일을 일목요연하게 정리하여 제시한다.

40) Kathleen and James McGinnis, *Parenting for Peace and Justice: Ten
Years Later* (New York: Orbis Books, 1990), 35-9. Nancy Lee Cecil with
Patricia L. Roberts, *Raising Peaceful Children in a Violent World* (San
Diego, Calif.: LuraMedia, 1995), 59-70, 가족회의에서 다룰 평화에 대한 내
용이 *Family Peace Meetings*에 실려 있다. Jane Nelsen, Lynn Lott, and H.
Stephen Glenn, *Positive Discipline A-Z: 1001 Solutions for Everyday
Parenting Problems*, 2d ed. (Rocklin, Calif.: Prima, 1999)는 가족회의에 대
해 간단하지만, 도움 되는 내용들을 담고 있다. 더욱 더 상세한 정보는 Nelsen,

Positive Discipline 8장을 보라.

41) Jim McGinnis et al., *Families Creating a Circle of Peace: A Guide far Living the Family Pledge of Nonviolence* (St. Louis: Families Against Violence Advocacy Network, 1996), 7.

42) 마25:40,45.

43) MCC Washington Office Guide to Econonsic Globalization (December 2001).

44) 성서가 말하는 경제학에 대하여는 Donald B. Kraybill, *The Upside-Down Kingdom* (Scottdale, Pa.: Herald Press, 2003)의 5장과 6장을 보라. 기독교와 부에 관한 내용에 대하여는 Ronald J. Sider, *Rich Christians in an Age of Hunger: Moving from Affluence to Generosity*, 4th ed. (Dallas: Word Publishing, 1997)를 보라.

45) 만약 당신의 자녀들이 다른 사람들에 비해 당신이 추구하는 평균 생활 및 삶의 방식에 대해 못마땅해 한다면, Byrd Baylor, *The Table Where Rids People Sit* (New York: Atheneum, 1994)을 읽으라.

46) Peter Menzel and Charles Mann, *Material World: A Global Family Portrait* (San Francisco: Sierra Club, 1994). David Schrock-Shenk ed., *Basic Trek: Venture into a World of Enough, the Original 28 Day Journey* (Scottdale, Pa.: Herald Press, 2002)는 그룹 및 개인 공부를 위한 훌륭한 자료이다. 얼마만큼 갖는 것이 충분한가에 대해서는 가족에 따라 다르고 관점에 따라 다르다. Murray Sheard, *Living Simply: Studies in Learning to Live as Jesus Did* (Auckland: World Vision of New Zealand, 1999) 또한 그룹 공부 교재로 적절하다. (가능한 대안은 Jeanne Zimmerly Jantzi의 *Parent Trek*을 보라.)

47) Barbara DeGrote Sorensen in *Break Forth into Joy! Beyond a Consumer Lifestyle*, prod. Burst Video Film, Inc. (Alternatives for Simple Living, 1995). 이 비디오는 사람들의 감정, 사고, 실제적 아이디어를 나누는 가운데, 물질의 소유를 통해 이룰 수 있는 것이 무엇인지 보여준다. 전체 내용은 웹페이지에서 볼 수 있다. (www.simpleliving.org/Archives/Video Scripts/BreakforthJoy.html)

48) Ronald J. Sider, *Rich Christians in an Age of Hunger: A Biblical Study* (New York: Paulist Press,1977), 175~78.

49) 미래의 수치를 계산하기 위하서는 the Federal Reserve Bank of Minneapolis: (http://woodrow.mpls.srb.fed.us/research/data/us/calc/)를 보라.

50) Federal Register 67 (14 February 2002): 6931-33. 최신의 자료를 보려면, 미국의 Health and Human Services website(http://aspe.hha.gov/Poverty/)를 보라. 불행히도 공식 가난 지수는 기본생활비조차 반영되지 않는다. 경제 정책 기관에 의해 제시된 최소 가족 생활비에 대한 토론은 www.epinet.org를 참고하라.

51) Jo Robinson and Jean Coppock Staeheli, *Unplug the Christmas Machine*, rev. ed. (New York: William Morrow, 1991)은 Alternatives가 제공하는 좋은 자료이다. Alternatives가 제공하는 또 다른 두 가지 자료로 *Treasury of Celebrations: Create Celebrations That Reflect Your Values and Don't Cost the Earth* (Canada: Northstone, 1997) and To Celebrate: Reshaping Holidays and Rites of Passage (Sioux City Iowa: Alternatives, 1988)가 있다. Zimmerely Jantzi, Parent Trek과 Doris Janeen Longacre, *Living More with Less* (Scottdale, Pa.: Herald Press, 1980)도 참고하라. 캐나다인이 주도하는 크리스마스에는 아무것도 사지 마라(Buy Nothing Christmas, 책 뒤의 기관목록에 실려 있음)는 내용도 있다.

52) Zimmerly Jantzi, *Parent Trek*, 151.

53) Mennonite Central Committee (MCC) 연락처는 책 뒤의 기관 목록에서 확인할 수 있다. Habitat for Humanity는 800-HABITAT, www.habitat.org를 The Heifer Project는 www.heifer.org를 방문해 보라.

54) 다른 좋은 아이디어를 위해서 Alternatives, Treasury of Celebrations and To Celebrate. Zimmerly Jantzi, Parent Trek. Ellen Berry, *Gifts That Make a Difference: How to Buy Hundreds of Great Gifts Sold Through Non-profits* (Orlando, Fla.: Foxglove, 1992).

55) Mennonite Disaster Service (binational): 717-859-2210. Red Cross: http://redcross.volunteermatch.org/ Habitat for Humanity: 800-HABITAT, www.habitat.org.

56) MCC의 자료나 카달로그를 보려면 책 뒤에 실린 기관 목록을 참고하라. AFSCs 카탈로그는 전화번호 21 5-241-7000로 연락하거나 www.afsc.org를 방문하라. 그 외 정보는 MCC Washington Office 전화 202-544-6554 혹은

MCC Canada Ottawa, 전화 613-238-7224로 연락하라. Thc PCNL, U.S.는 www.fnl.org를 방문하라.

57) 그리스도인 평화 건설팀(CPT)의 웹사이트는 www.prarienet.org/cpt를 방문하라.

58) Louise Derman-Sparks, *Anti-Bias Curriculum: Tools for Empowering Young Children* (Washington D.C.: National Association for Education of the Young Child, 1989는 3~5세 아이들을 위해 탁월한 전략을 제시한다. 자료 목록에 보면 장애아동들을 위한 책도 확인할 수 있다. 지난 10년간 다문화를 주제로 한 탁월한 자료들이 발간되었다. 관련 웹사이트인 http://peace.mennolink.org/teachpeace를 확인해보라. "우리들의 다양한 문화"(Our Many Cultures)라는 제목 아래 잘 정리된 자료를 볼 수 있을 것이다.

59) Eve Bunting. *So Far from the Sea* (New York: Clarion Books, 1998)는 수용소에서 보냈던 로라(Laura Iwasaki)의 할아버지 이야기이다. Jane Thomas, Lights on the River (New York: Hyperion, 1994)는 멕시코에서 살았던 어린 테레사의 가족에 대한 내용으로 농장일꾼으로 살아가며 가졌던 비전에 대한 이야기이다. 두 책 모두 다 4~8세를 위한 이야기 그림책이다. 원주민에 관련된 책으로는 Maggie Steincrohn Davis, *Roots of Peace, Seeds of Hope: A Journey of Peacemakers* (Blue Hill, Maine: Heartsong Books, 1994)가 있다.

60) Betsy Hearne, *Seven Brave Women* (New York: Greenwillow, 1997)은 저자의 조상들 중 여성들에 대한 흥미로운 책으로 전쟁 중에 싸우지 않으면서 위대한 일을 행한 그들의 할머니의 할머니들에 대한 이야기이다. 다채로운 색상의 그림책으로 할머니의 할머니 때부터 전해 내려온 책이다. 실제 있었던 이야기로 Penny Colman, *Girls: A History of Growing Up Female in America* (NewYorlt: Scholastic, 2000)가 있다. 조금 나이가 든 자녀들을 위한 책으로는 James W. Loewen, *Lies My Teacher Told Me: Everything Your American History Textbook Got Wrong* (New York:Touchstone. 1996)과 Howard Zinn, *A People's History of the United States: 1492-Present* (New Yoek: Harper Collins, 1999)로 표준 역사를 바로잡아주는 책들이다. James C. Juhnke and Caml Hunter, *The Missing Peace: The Search for Nonviolent Alternatives in United States History* (Waterloo: Pandora Press, 2001)는 미국 역사에서 잘 알려지지 않은 비폭력 운동을 다룬다. 어린이

들을 위한 원주민관련 자료들은 learningcircle@inac.gc.edu로 메일을 보내면
자료를 받아볼 수 있다.

61) Barbara Mathias and Mary Ann French, *40 Ways to Raise a Nonracist Child* (New York: Harper Collins, 1996)는 미국의 백인과 흑인이 공저한 탁월한 책이다. Darlene Powell and Derek S. Hopson, *Raising the Rainbow Generation: Teaching Your Children to Be Successful in a Multicultural Society* (New York: Simon & Schuster, 1993) 또한 훌륭한 책이다. *Parenting for Peace and Justice Newsletter 61* (February 1994),"Building Diversity with Dignity"에서 특권층 그룹을 명시하는 7페이지를 참고하라.

62) 입문을 위해 Jody Miller Shearer Erst의 *Enter the River: Healing Steps from White Privilege Toward Racial Reconciliation* (Scottdale, Pa.: Herald Press, 1994), 5장 인종차별이 어떻게 유색인들을 괴롭혀왔는가?(How Does Racism Afflict People of Color?)를 보라. Iris de Leon-Hartshorn Tobin Miller Shearer and Regina Shands Stoltzfus, *Set Fire: A Journey Toward Solidarity Ageless Racism* (Scottdale, Pa.: Herald Press, 2001), 6장 여행을 계속하기: 통념 버리기(Continuing the Journey: Dispelling the Myth)를 보라.

63) Nancy Carlsson-Paige and Diane Levin, *Who's Calling the Shots?: How to Respond Effectively to Children's Fascination with War Play and War Toys* (Gabriola Island, B.C.: New Society Publishers, 1990), 61. Daphne White, "Marketing Violence to Our Children," *Parenting for Peace and Justice Newsletter 92* (May 2001).

64) Carlsson-Paige and Lenin, *Who's Calling the Shots?*, 61.

65) 같은 책, 64.

66) Jim and Kathleen McGinnis, *Educating for Peace arid Justice, Religious Dimensions*, K-6, rev. ed. (St. Louis, Mo.: Institute for Peace and Justice, 1993)에는 어린이들을 위해 속도감과 능력, 동작이 모두 잘 통합된 비폭력 활동 목록이 정리되어 있다. The Lion and Lamb Project는 다양한 연령에 맞는 비폭력 장난감들이 잘 정리되어 있으며, 웹페이지에 가장 지저분하며 폭력적인 장난감 12개와 비폭력적이고 창조적인 장난감 20개의 목록이 나와 있다. (301-654-3091, www.lionlamb.org) 협력적이며 창조적인 게임을 출시하는 회사를 보려면 Family Pastimes 카달로그를 참조하라.(888-267-4414,

www.familypastimes.com), Aristoplay (888-478-4263, www.atistoplay.com), Animal Town Game Co. (800-445-8642, www.animaltown.com), Discovery Toys (800-426-4777, www.discoverytoyinc.com).

67) Pamela Baldwin-Ford, *Tatterhood and Other Tales: Stories of Magic and Adventure* (New York: Feminist Press, 1989). 다른 제목의 책을 보려면 http://peace.mennonlink.org/teachpeac를 방문하라.

68) 삿7:2~22에 나오는 기드온 이야기. 수5:13~6:21에 나오는 여리고성 전투. 구약에 나오는 폭력에 관한 질문이 있으면 Lois Barrett, 『하나님의 전쟁』(대장간, 2012)를 보라. Albert Curry Winn, *Ain't Gonna Study War No More: Biblical Ambiguity and the Abolition of War* (Louisville: Westminster/John Knox Press, 1993). Millard C. Lind, *Yahweh Is a Warrior: The Theology of Warfare in Ancient Israel* (Scottdale, Pa.: Herald Press, 1980). Lois Barrett의 책이 가장 읽기 쉽다.

69) Carlsson-Paige and Levin, *Who's Calling the Shots?*, 99.

70) 1997년 디즈니가 만든 신데렐라에는 Brandy, Paulo Maltebaun, Whoopi Goldberg 와 Whitney Houston 등 적어도 여러 인종이 출연진으로 나온다.

71) 여성 롤 모델을 위해서는, Robert N. Munsch, *The Paper Bag Princess* (Toronto: Firefly Books, 1985) Katherine Paterson, *The King's Equal* (New York: Harper Collins, 1992). Shirley Climo, *A Treasury of Princesses: Princess Tales from Around the World* (New Tork: Harper Collins, 1996). 남성 롤 모델을 위해서는, Molly Garret Brown의 초등학교 입학 전 아이 잠자리 동화인 *Ten, Nine, Eight* (New York: William Morrow, 1983). Susan Thompson, *One More Thing Dad* (Chicago: Whitman, 1980). Marjorie Barker, *Magical Hands* (New York: Simon & Schuster, 1989). Florence Freedman, *The Brothers: A Hebrew Legend* (New York: Harper Collins, 1985). Jeremy Roberts, *The Real Deal: A Guy's Guide to Being a Guy* (New York: Rosen Publishing Group, 2000). Eve Merriam, *Daddies at Work and Mommies at Work* (NewYork: Simon & Schuster, 1989) 등 4~8세에 해당하는 책으로 추천한다. 평화와 관련된 더 많은 책을 보려면 http://peace.mennolink.org/teachpeace를 방문하여 성별 항목 및 도서목록을 살펴보라.

72) Kathleen and James McGinnis, *Parenting for Peace and Justice: Ten*

Years Later, 85.

73) Michael Rich, *American Academy of Pediatrics, Statement before the Public Health Summit on Entertainment Violence*, July 26, 2000.

74) David Grossman, "Trained to Kill," *Christianity Today* (10 August 1998): 30. 이 논문은 해당 이슈에 대해 탁월한 글이다.

75) Parents' Television Council.

76) Deborah Roffman은 Kathleen Kelleher의 "Don't Let TV Be die Main Source of Your Teenager's Sex Education", *Los Angeles Times*, 30 April 2001의 글을 인용한다. 관련 웹사이트는 http://www.bluecorncomics.com/news.htm로 미디어의 부정적 효과에 대한 다양한 글이 실려 있다.

77) Gordon Houser, "Mediaculture" *The Mennonite* (19 June 2001), 15.

78) 2001년 미국 십대들의 비디오 및 컴퓨터 이용시간은 평균 9시간으로 남자아이들은 13시간 여자아이들은 5시간이었다.(the National Institute on Media and the Family 집계) 캐나다 십대들의 평균 이용시간은 1998년 5시간으로 조사 되었다.(the CBC Backgrounder 집계)

79) American Academy of Pediatrics Policy Statement, August 1999.

80) Nielsen Media Research, 2000.

81) U.S. Department of Education, "Strong Families, Strong Schools: Building Community partnerships for Learning," 1994.

82) American Academy of Pediatrics, cited by National Institute on Media and the Family in "Children and Advertising Fact Sheet", 2000.

83) Senate Judiciary Committee Staff Report, "Children, Violence, and the Media," 1999. National Institute on Media and the Family가 제시하는 조사 보고는 www.mediafamily.org를 참고하라.

84) Statistics Canada and the Canadian Broadcasting Corp. Backgrounder, 2002. For more Canadian facts, visit the Media Awareness Network www.reseau-medias.ca/eng/issues/stats/usetv.htm을 참고하라.

85) The National Institute on Media and the Family: 888-672-5437 www.meadiafamily.org. The Lion & Lamb Project는 비디오 게임 및 영화 리뷰를 싣고 있으며, 미디어 폭력에서 아이보호를 위한 책 목록이 들어있다. www.lionlamb.org. Coalition for Quality Children's Media는 비디오와 CD를 어떻게 선택해야하는지 알려주는 소식지와 목록을 제공한다. 508-989-807,

www.cqcm.org/kidsfirst. The Center for Media Literacy는 미디어를 평가 하고 창출하며 비판적 사고를 하도록 돕는다. 800-228-4630, www.medialit.org. 출판된 자료로는 Diane F. Levin, Remote Control Childhood? Combating the Hazards of Media Culture (Washington D.C.: National Association for the Education of Young Children, 1988)가 있다.

86) American Academy of Pediatrics (www.aap.org) 는 "Some Things Yon Should Know About Media Violence and Media Literacy,"와 (www.aap.org/advocacy/childhealthmonth/media.htm) "what Parents Can Do About TV," (www.aap.org/advocacy/childhealthmonth/tv~2.htm)를 포함하여 다양한 관련 자료를 제공한다.

87) TV-Turn off Network: 202-518-5556, www.tvturnoff.org

88) 1996년 the Parenting for Peace and Justice Network은 the Families Against Violence Advocacy Network (FAVAN)을 발족하였고 the Family Pledge of Nonviolence을 위촉하였다.

89) Jim McGinnis, *Families Creating a Circle of Peace. Anne Marie Witchger Hansen and Susan Vogt, Kids Creating Circles of Peace* (St. Louis: Institute for Peace and Justice, 2000). 이 자료는 Institute for Peace and Justice를 통해 구할 수 있다. 기관 목록을 확인할 것.

제5장

90) Helen Keller, *Alternatives' Spirit of Simplicity* (Sioux City; Iowa: Alternatives, 2002).

91) 표준 메르카토르 도법(Mercator projection)보다는 페터스(Peters projection) 도법으로 된 지도가 훨씬 정확하다.

92) Mennonite Central Committee (MCC): 책 뒤에 실린 기관 목록을 참고하라.

93) National Geographic, Notional Geographic World (for children), and MCC's A Common Place (888-563-4676, acp@mcc.org, www.mcc.org/acp)는 세계의 문화에 관한 훌륭한 논문과 사진들을 싣고 있다. New International (905-946-0407, magazines@indss.on.ca) United Kingdom 은 화보와 함께 지구촌의 정의 문제를 다룬다.

94) AI USA:Freedom Writer's Network (212-807-8400) Urgent Action Network: (www.amnestryusa.org/urgent/newslett.html) AIKid

(www.amnestryusa.org/aikids/ceua). AI Canada: Urgent Action Network: (416-363-9933, www.amnesty.ca/youth/index.html).

95) Europa Page는 상호 교환 정보를 제공하는 국제 언어학교이다. www.europa-pages.com/panpal_form.html. UNICEF's Voices of Youth 웹사이트는 모임을 연결해주는 장소이다. 국제적 맥락에서 젊은이들을 연결해주는 다른 웹페이지들도 있다. www.unicef.org/voy/meeting/meet home.html. 이 웹사이트는 Children's Online Privacy Protection Art of 1998, COPPA에 기초한다.

96) Mathis Wackernagel, "Ecological Footprints of Nations: How Much Nature Do They Use? How Much Nature Do They Have?" www.ecouncil.ac.cr/rio/focus/report/english/footprint/ranking.htm David Schrock-Shenked., *Basic Trek: Venture into a World of Enough, the Original 28 Day Journey* (Scottdale, Pa.: Herald Press, 2002), 77-81.

97) 4장의 각주 14를 보라.

98) Philip Yancey, *Soul Survivor* (New York: Doubleday, 2001), 202.

99) Florence Perry Heide and Judith Heide Gilliland, *Sami and the Time of Troubles* (New York: Clarion, I 992).

100) 신6:5-7.

101) 막12:31.

제6장

102) Doris Janzen Longacre in *Alternatives' Spirit of Simplicity* (Sioux City, Iowa: Alternatives, 2002).

103) Diane Stanley, *Rumpelstiltskin's Daughter* (New York: William Morrow, 1997). Dr. Seuss, *The Better Battle Book* (New York: Random House, 1984).

104) 초대 교회의 전쟁 참가에 대한 기록은 John Driver, *How Christians Made Peace with War?: Early Christian Understanding of War*(Scottdale, Pa.: Herald Press, 1988)를 보라. 조금 더 어려운 책이지만, Jean-Machel Hornus, *It Is Not Lawful for Me to Fight: Early Christian Attitude Toward War, Violence, and the State*, rev. ed. (Scottdale, Pa.: Herald Press, 1980). 청소년들과 함께 할만한 유용한 자료로는 Susan Mark Landis,

But Why Don't We Go to War?(Scottdale, Pa.: Herald Press, 1993)가 있다.

105) 기독교 평화 건설자를 위한 정보는 www.mcc.org/ask-a-vet/peace maker.html 을 보라. 다른 청소년 평화 자료를 위해서는 Mennonite Peace and Justice Support Network site: www.peace.mennolink.org/ youth. html을 보라.

106) 이 자료는 MCC에서 구할 수 있다. 책 뒤의 기관목록에 실려 있음

107) Atlee Beechy, *Seeking Peace: My Journey* (Goshen, Ind.: Pinchpenny Press, 2001), 206.